吉本ばななが友だちの悩みについてこたえる

吉本ばなな

朝日文庫

本書は二〇一八年九月、小社より刊行されたものです。

吉本ばななが友だちの悩みについてこたえる●目次

はじめに……13

【1】仲がいい友だちが結婚したり好きな仕事をしたりしていることを妬んでしまうときがあり、罪悪感があります。こんなときの対処法はありますか。……15

【2】社会人になって学生時代の友人と疎遠になり、新しい友だちを増やしたいのですが、友だちの作り方が思い出せず困っています。……23

【3】入学した高校でうわべのつきあいをして疲れています。本当の友だちを作るにはどうしたらよいですか。……27

【4】友人が飲食店の店員に横柄な態度をとり、失礼な接し方をするのに、ストレスを感じています。縁を切ったほうがいいでしょうか。……32

【5】突然友だちに無視されたり裏切られたりして、人間不信になっています。人間不信を克服するには、どうしたらよいですか。……35

【6】元カレと友だち関係に移るということはありえますか。……42
【7】職場とプライベートの友だちとはつきあい方を変えたほうがいいのでしょうか。……44
【8】友だちからお金を貸してほしいと言われたとき、どのように対処されますか。……48
【9】ママ友とはどのように接したらいいでしょうか。……55
【10】ネット上の友だちには悩みも言えますが、リアルの友だちに心を開けません。……60
【11】友だちが心の病にかかったとき、どんな風にサポートしますか。……62
【12】数人の友だちに相談したら回答がバラバラで、どれを参考にしていいかわかりません。……66
【13】小学生の子どもが友だちづきあいで悩んでいることに気がつきました。母親として

介入したほうがいいでしょうか。……70
【14】「異性とも親友になれる」と思っていたことは間違っていますか。……75
【15】ケンカ別れした親友が自殺しました。罪悪感で苦しむ日々をどう乗り越えたらよいでしょうか。……80
【16】女友だちから「不倫交際している」と打ち明けられ、彼女を制止したくなっています。こんなとき、どのようなことを友だちに言いますか。……85
【17】定年退職後に地域デビューをして友人関係を作ろうとしましたが、うまくいきません。……92
【18】中学生になった今でもクラスメイトとの会話が楽しくありません。本や漫画の世界にいるのが幸せです。リアルな友だちができなかったらと思うと不安です。……97
【19】大学時代からの仲のいい女友だちは仕事をしながら、結婚もして子どもがいます。独身で恋人もいない私とは、話が弾まなくなっています。……101

【20】職場の女友だちグループは同僚の悪口がおおいので、ほどよく離れる方法はありますか。……107
【21】ばななさんは「人は見た目がすべて」と言われますが、友だちになりたい人はどんな見た目をされていますか。……110
【22】中学のクラス替えで新しい親友ができました。私の母親は「あまりあの子とは遊ばないほうがいい」と言うので、ショックです。……115
【23】厳格な親のもとで育った友人はいつも自己否定的ですが、自信を与えることは、可能でしょうか。……119
【24】気心のしれた友人と二人で会社を作るときに、どんなことに注意したらいいでしょうか。……125
【25】三〇代の親友がガンになり闘病中です。親友としてどのように接したらいいでしょうか。……130

【26】男女の友情の違いについて、どのように感じていますか。……135
【27】親友から新事業について的確なアドバイスを受けたにもかかわらず、私は腹を立てました。彼女が正しかったことがわかった今、どう謝ればいいでしょうか。……138
【28】短期間で人間関係が大きく変わったという経験がおありでしたら、そのなかでどんな学びや気づきがあったか教えてください。……143
【29】四〇代半ばで都会から地方都市に移住しましたが、どのように友人を作ったらいいでしょうか。……146
【30】私の両親は熟年離婚をしています。子どもが独立しても、夫と親友のような仲でいるために、私にできる努力はありますか。……152
【31】部活をやめたことをきっかけに、友だちがいじめにあっています。救いたいけれど、自分も標的になるのが怖くて仕方ありません。……160

【32】様々な国を訪れているばななさんから見ると、海外と日本で友だちとのつきあい方に大きな差はありますか。……165
【33】友だちがブラック企業に就職していますが、残業や休日出勤も多く心配です。どんなサポートができますか。……169
【34】女子大生ですが、同性の親友に恋愛感情を抱いています。彼女には片思いをしている男子がいます。カミングアウトしたい衝動をどうしたらいいでしょうか。……175
【35】ばななさんの心に強く響いた、友だちからの助言はありますか。……181
【36】一〇代、二〇代、三〇代、四〇代の自分自身に会いに行けるのなら、友だち関係のどんなアドバイスをされますか。これからはどんな友人関係を作っていきたいですか。……185
あとがき……191
文庫版あとがき……193

吉本ばななが
友だちの悩みに
ついてこたえる

はじめに

「友だち」というテーマで今回からお話しすることについて、じっくり考えていたのですが、一般的なまとまりのよい答えが一切自分のなかにないということがわかりました。私があまりにもかけ離れていると思うんですね。私は普通の主婦ではありません。職業も一般的ではありません。すごく早いうちに独立していて、実家も一般的な家ではない。

そんな風に、私が答えるすべてのことが「それは吉本さんの環境だからでしょ」と言われたらもうおしまいになってしまうような状況にあるんですが、私が逆に問いかけたいことは「もし私のいる別の枠の中の場所から見たら、あなたはどんな風に見えると思う？」ということなんです。

例えば宇宙人が地球にやってきてみんなを見たらどう映るか？　みたいな感じのことを言える部分が私にはあると思うんです。そんな風に別の角度から光が当たると、今苦しんでいることが簡単に解決できることもあると思います。私の役割はそういうことだと、この本に関しては考えています。

この大前提を言っておかないと「それは吉本さんが特殊な環境で育ったからでしょ」と、心のドアが閉じてしまい、新しい答えも見つからなくなってしまうと思いました。「うわ、宇宙人だ！　キモ！」と避けることもできるけど、宇宙人に対して「あなたから見たらどう見えるの？　どんなところが不自由に見えるの？」と聞きたくなることもあるはず。そういうスタンスで読んでいただけたらいろんなヒントも見つかるかと思います。

吉本ばなな

【1】仲がいい友だちに素敵な恋人ができたり、結婚をしたり、子どもを産んだり、好きな仕事をしていたり、イキイキとしている姿を心から祝えないときがあります。大切な友だちのことを妬んでしまうときは本当に苦しく、罪悪感も感じます。こんなとき、何か対処法はありますか？　（二〇・三〇代）

妬んだ段階でそもそもが仲がいい友だちじゃないのではないでしょうか。本当にこれに尽きると思います。自分がその人のことをどんなに大好きでも妬んでしまった段階で、仲がいい友だちという距離感を超えてしまっている。私はそう思います。

子ども時代や学生時代って、いろんなものが比較的似たような状況であることがありえます。例えば、親の収入レベルや家庭環境も似ていて、持っているものや着ているものもだいたい一緒とか。そんないつも同じものばかりだった幼馴染が社会に出て急にいろんなものを手に入れ始めるときなどには、友だちだけど妬ましいと思うこともありうるのかもしれませんね。

例えば、ピースボートに乗って一〇〇日間くらい同じ場所に一緒にいたら、その船の中の人たちとものすごく仲がよくなって、友だちがたくさんできる。閉鎖的な環境に多くの人と過ごすということだけで。それは、学校生活も同じ。学校でもピースボートでも隣の席とか同室の人など「体がそばにいられる」と人どうしは、生き物の本能として基本的にはなじむんです。多くの人が、それを「友だち」と呼んでいる気がしますし、それもまた正しいと思います。

でも、もしかしたらこの方は同じ場でその相手になじんでいただけかもしれません。そういう定義で深く考えると私には「友だち」という存在が一人もいません。ただ「仲間」というものがいるだけで、それは肉体的に近くない人たちということもありうるのです。

例えば私は事務所のスタッフを、私の姪っ子のように愛しているし、家族以上に同じ時間を過ごしたり同じ部屋に泊まったりしているけど、役割というものがあると思っています。例えばスタッフのお家に不幸があったときに、私が駆けつけて一晩中手を握るとか、ご飯を作ってあげるとか、そういうことはしない。それは私がするべきことではない。そういう風に入ってそれぞれの役割がある。でもそれを超えたいと思ってしまったときに、それは愛ではなくなってしまう。不自然なことを始めたときに、エゴになってしまって、相手のためではなくなってしまう。

話は戻りますが、親も環境も似ていて横並びで育ってきて、片方だけ大きな賞を受賞した、先生に認められた、出世したとかいうできごとが起きた場合の妬みというのは少し前に言ったような不自然なズレに属しています。この二人だけをとってみたら、不自然なことが起きたということです。

では妬んでしまったときは、どんな対処をすればいいのか。そんなときは「自分は今、妬んでいるな～」と、自分の気持ちをわかってあげて終わらせるということをすればいいのじゃないかな。感情にまっすぐ向き合うということとも違います。小林健*先生の言うところの「ステップバック」、感情を認めて一歩下がって考える。前にのめらないことです。

妬みに前のめりになった場合とは「出世してやる、あいつを見返してやる」とか「あいつが自分に優しくすればするほど腹が立つ」とか、毎日相手のことを考える感情にどんどん入っていくことですよね。その反対の気持ちになることが「前のめりにならない」という対処法です。「今はこうなっちゃったんだから、しょうがないな」という状況までなるべく行けたらいい。なるべくでいいんですよ、人間ってそんなに強くないので。少しずつ元の自分に下がっていく感じで。

「では元の自分に下がることができたら、妬んでしまった相手とも友だちに戻ることは可能？」と言われたら、また先ほどの例を再び挙げて説明しようと思います。もし私のスタッフが「身内みたいに可愛がっているなら、大変なときに家のこと手伝ってくださいよ！」と言ってきたら「それは違うでしょ？」と私は答えるでしょう。そのスタッフの周りには、そういうときに駆けつけてくれる友だちが必ずいるんです。その人たちにしかできないことがある。自分がすべきことではないことをして、その人たちとの大切な時間をうばってはいけない。自分にできる最良のことをするだけです。どちらが上とか下とかじゃない。どちらも尊い存在。人間にはいろんな種類の関係性が必要なんだと思います。全部を満たす訳じゃないけれど、この部分だけはこの人が確実に満たしてくれるという人が無数にいてこその人生です。つまり、逆に言ったらその人一人の穴は誰にも埋められないということ。その役割には忠実でなければいけない。

あと友だち関係があまりにもガッツリ一人に偏り過ぎていると、不自然なズレが生じやすいということも言えますね。「ガッツリ偏っていた自分は、本当にその一面しかないのか？」ということを見つめ直してみたら、そうじゃないということに気づくと思うんですよ。

これはよく私が使うたとえで、そしてすごく誤解されやすいことなのですが、遊園地に一緒に行って楽しい人が映画館に行って楽しい人とは限らないということ。お互いの役割がすごくハッキリさえしていれば「いつも遊園地に行くあなただけど、今日は映画館につきあってくれない？」と言ったときにもお互いに幸せで楽しめる訳です。たまに役割が変わっても柔軟でいられるというか。それは「遊園地の友だち」にとっても、たまには映画館に行くと気分転換や発見にもなる。遊園地担当ベースあっての楽しさということなんです。

さきほどのケースの妬んでいる状況って、つまり横並び時代の過去を見ているということ。かといって「未来を見なさい」ということではなくて、今を自然に眺めて、自分と同じ歳だけど自分より立場が抜きん出てしまって、違う状況に変化した友だちと、新しく今までとは違う関係を構築できるかどうかをまず考える。

そして、その人と疎遠になっても、自分の隣の空席には新しい誰かが必ず来ます。急には無理だけど、時は流れているので一歩下がって見ているうちに、いつの間にか新しい人との関係が生まれてくるんです。

抜きん出た方の人にも、新しい環境での出会いがあるでしょう。たとえ離れてしまっても、再会したときにこれまでの蓄積で昔以上に楽しく話せるかもしれない。そういう時間の流れを考慮すれば、大きく間違ったことにならないですむ、そんな気がします。

でも抜きん出た人だって、新しい環境で楽しいことばかりのはずがない。「あいつには、いいことばかり起きてる、楽しそう」と思うことはつまり妄想です。妄想の中にのめっていっていいことなんて一つもないです。自分自身が充実しなくなってしまう。とにかく一歩下がって、時間が流れていくのを待つのがいい対処法だと思います。

たとえとして伝わるかわからないのですが、うちで飼っているフレンチブルドッグとチベタンテリアって元々相性が悪い犬種。道で会ったらお互い「ガーッ!」って威嚇し合うような、どちらも戦闘的で譲らないタイプ。だけど飼い主の私という存在を間に介しているから何とか共存しています。そんな風に本当だったら全く折り合わなかった者同士がなんとか暮らすことも可能。動物的側面も持っている人間にも同じことがあると思います。本当はそんなに価値観が合う訳じゃないけど、学校のクラスに一緒にいたら仲良くなるということって運命的なものだしけっこう大きい。でも、見方によってはその程度のこと。

だからこそ肉体が近い感じの友情って、ダメージが大きい別れにもなりやすい。遠くに住んでいる人が出世しても「良かったね」って言えるけど、毎日体で接している人だとなんか冷んやりしちゃうというか。いつも横にいる距離感の関係というのは、すごく人間にとって生理的に大きいものだけれども、そのぶん、ある意味では代わりがきくものなんです。

私が小学生のときに、心底から仲のよい友だちがいました。クラスが変わってしまったのですが、仲がいいので当然休み時間とかに会いに行く。でもそのときの先生に「いろんな人と仲良くさせるためにクラス替えがあるんだから、よそのクラスに親友を作るのはいけません」と注意されました。もちろん私はその注意を無視して会い続けましたが。

私が思う「仲間と友だちの差」って、こういうことかなと。違うクラスになったその子は「仲間」だった。離れていても、関係が変わらない。でも私にとってのクラスメイトは、授業や行事を一緒にやって、お昼も一緒に食べることによってできる「横並びの友だち」。いつか仲間になれるかもしれないけれど、今は違う。だけど、仲間だったらクラス替えくらいで心の距離感は変わらない。それを会社でたとえると、「お昼を一緒に食べたり、会社帰りに飲みに行くこともあった同僚だったけど、転職したら意外と連絡しない」みたいな関係は仲間ではなくて友だち。転職しても、特に話がある訳じゃないけど顔が見たくて連絡しちゃう人というのは「仲間」です。桜井章一*さんもおっしゃっていました。「友だち」はいらないけれど「仲間」は大切だって。

*小林健　自然療法家。一九七九年からニューヨークの本草閣自然療法センターで施術を行っている。著書に『病を根本から治す量子医学　古くて新しい魔法の健康法』『長生きしたけりゃ素生力をつけなさい』ほか多数。

*桜井章一　下北沢生まれの経営者、雀士、作家。一九九一年に「雀鬼会」という組織をつくり、雀風や生き方を意味する「雀鬼流」を指導している。自伝・自己啓発の分野の書籍に『人を見抜く技術』『努力しない生き方』『わが遺言』ほか多数。

【2】社会人になってから、学生時代の友人ともなんとなく疎遠になり、プライベートの時間を一人で過ごすことが多くなってきました。新しい友だちを増やしたいと思うのですが、友だちの作り方が思い出せず困っています。（二〇代）

まず、急に友だちが減るということはなかなかないと思うんですよ。実はじわじわと減っていったはずなんです。その道をていねいに戻っていくことが大切です。でもそれは疎遠になっていった人たちと再び会い始めなさいという意味ではなくて、自分自身を取り戻すという作業です。「自分はなにが好きで、どうしたいの？」という確認作業。その点検をしたらまた徐々に増えていくんじゃないでしょうか。順番に減っていったはずのものをいっぺんに取り戻すのは無理がありますから。

あと「一人で過ごしたくない」というのと「友だちが欲しい」というのはまた別問題なので、混ぜちゃいけない。なんとなく一人で過ごしたくないというのであれば、行きつけの飲み屋とかカフェを作ればいいと思います。一人で過ごしたくないって思うことは人間には誰でもありますよね。「今日は誰でもいいから、人と会っておしゃべりしたい」ということって。そういう問題であれば、顔なじみのお店に行くだけでも気分が変わっていいでしょうね。

だからこそ、自分の今の気持ちが「一人でいたくない」なのか「友だちを作りたい」なのかを、まず分析することが重要だと思います。この二つはすごく違うことだと思います。私は一人で過ごしていても、今頃世界中にいる仲間がいろんなところでいろんなことをしているなと思うだけで、寂しくなくなることが多いです。だけど、物理的に「今一人でいたくない」というときももちろんあります。

例えば、スナックとかでできた友だちって、一般の友だちよりも妙に深かったりすることがありませんか？ 名前は「中村さん」ということしか知らないけれど、どんなことで苦しんでいるのかどんなことで寂しいのかどんなことが好きなのか、もしかしたら奥さんよりも自分は知っているんじゃ？ って思うようなこと。そういう関係もいいですものね。

自分がどういうようなことを求めているのかハッキリしないまま、ただなんとなく寂しいとかつまらないと思っているとどうにも抜けられない。でも、こういう状況って自分を見つめ直すチャンスでもあります。ある意味、海外に留学するみたいに一から自分自身を人に見せる機会でもあるので。異性との出会いを求めるのとはまた別の問題ですが、友だちに関していえばさっきも言ったようにとりあえず行きつけのお店とかを作るのが一番。

行きつけのお店で「仲間」ができるという可能性だってゼロではないです。でもそれはクラスの友だちと同じ類になると思います。なんとなくいつも一緒にいたけど、引っ越しちゃったらなくなっちゃうような関係。どんなに趣味が合わない人でも隣にいたら友だちっぽくなるということがとても多いので、友だちの作り方を忘れちゃって困っている人には、物理的に近い距離の友だちがほしいのか、価値観で結ばれる仲間がほしいのか、まずハッキリさせないと解決できない。

「いつも隣にいて価値観もピッタリ」という存在がいるとしたら、それは自分自身だけです。自分と仲良くなっていれば、基本的に人間は大丈夫。

例えば恋人と別れてめちゃくちゃ寂しいけれど、たくさん時間ができたという時期になったとします。そうすると今まで会わなかった友だちと会うこともできるようになりますよね。今まで土日は恋人としか会っていなかったけど、会えるようになって。そうすると友だちの友だちがまた友だちを呼んでくるみたいに拡大することもある。できたスペースに全く同じものが入ってくるっていうことはない。空いた時間に新しいものが入ってくるという可能性はすごく高い。だから心を開いていろんな人と接していればいいんじゃないでしょうか。行きつけのお店で出会う人は、少なくとも「ここのお店が好き」という価値観が共通である訳なので、何かを始められるかも。

ただ、とっても悲しい言い方になるんですが、そういう類の友だちというのは代わりがきく人たち。もちろん全く同じ人間はいないので交換は絶対に不可能だけど、自分の中での位置づけという意味においての交換は可能なんです。それでも、まずはそこから始めるとよいのかもしれません。

【3】入学した高校で、本当に面白いなと思う友だちができません。なんとなくうわべのつきあいで登下校をしたり、休み時間を過ごしたり、お昼を食べたりします。うわべのつきあいなので、気を使っていて毎日疲れます。こういったとき、本当の友だちを作るにはどうしたらよいでしょうか？
（一〇代・高校生）

私が高校生のとき、まさにこの人と同じ状況だったので気持ちがよくわかります。この問題って当時はうまく考えられなかった。でも、もっと大きな視野で考えたらわかることだったんです。

私は下町の出身で変わった環境で育ちました。もはや現代にはないような環境です。小・中学生の頃って、常にリーゼントの人とか、常に軍服の人とか、政治家の息子や娘さんとか、商店や中小企業の社長の子どもとか、ほぼ道そのものみたいな扉がない長屋に住んでいる人とか、全てが混ざっているそういう昭和の時代だったんです。

本当に全ての種類の人たちがいたという感じで、生きていくのも大変でしたが、興味深い日々でした。自分の位置づけというのをハッキリさせておかないと、何が起こるかわからないということを学んでいた時期。当時から「美人でスタイルがいい」と自分を位置づけしている人は後に愛人という業種に就いたし、商店をいずれ継ぐ人は学校から帰ったらハチマキを巻いてバケツを洗ったり、豆腐を作っていたり。暴走族もいました。だから自分の位置、強み、弱みをハッキリさせておかないとたいへんなことになってしまう可能性があったんです。例えば、少し周りの人達に慣れたからってお化粧して長いスカートをはいていたらすぐに悪いグループの人たちに「俺たちと遊ぼうよ」って誘われちゃうみたいな。だから「ちょっと家庭環境が変わっていて、オタクで、頭がよい」みたいな位置づけを私はガッチリ守り通しました。

でも高校に進学したら、生徒たちにはそんなものすごいバリエーションはなく、ほぼ全員がサラリーマン家庭だったんです。自営業の家庭とは価値観が全く違う。それまでは生き残っていくために自分を打ち出していかないといけない世界だったのに、急に自分を出したら生き残っていけない世界に転換してしまった訳です。そんな環境で自分に合う人たちを一人ひとり探していくまで、とっても時間がかかり苦しみました。あまりに価値観が違いすぎて「自分は頭がおかしいのか?」と思っていたくらい。高校では浮くなんてもんじゃない、いるだけで罪みたいな存在でした。私が「そんなバカな！」みたいなツッコミを入れると、「シー！　先生の前でそんなこと言っちゃいけない！」ってみんなが注意してくるような（笑）。とにかく波風立たせないのが人生であるというような保守的な価値観が主流を占める環境でしたので、価値観の合う人を見つけるのがとってもむつかしくて。もちろん見つかった「仲間」とは今も仲良くつきあっています。

合わないなとは思いつつ、うわべの友だちづきあいもしましたね……。みんないい人たちだけど何一つ共有できなかった。ただ楽しげに一緒にいるだけ。でもいい人たちだったから、過ごしていた時間を後悔はしていないんですが。

だからこの高校生の方にアドバイスをするとしたら「もう、なんとかして探すしかない！」と言います。私は探し歩きました。普通の部活には合う人が見当たらなくて天文部に入部してみたんです。天文部はとても人数の少ない部活で、光画部と鉄道研究会の三つを一人の顧問の先生が担当してくださっていたんです。この三つの部活は何かと一緒にされたし、行事でも交流があり、光画部と鉄道研究会にも友だちができました。かなり変わっている人たちで、まだ98ＮＯＴＥが出る前から自分たちでプログラミングし、パソコンでゲームを作って遊んでいたりするような。

そこで彼氏もできました。あとものすごく変わった女友だち一人と、サラリーマン家庭だけど話が合う友だちができて。クラスが九組とかあった時代に、三人しか「仲間」

ができないって何？　って思いますけど。そのうちの二人とは今も親しいんです。ほんものの関係だと思います。

その三人以外で高校で一緒にいるようになった人たちは極端に変わった人たち。どのくらい変わっていたかというと、大人になったある日、街を歩いていたら高校の先輩が「ドロンパ〜」って私のことを呼び止めたんです。私もまだ「ドロンパ」って呼ばれていること自体どうかと思うんですが、先輩の横を見たら海賊の格好をしている人がいたんで驚き（笑）。松本零士の世界のような格好で、アイパッチもしてドクロの帽子も被っていて。ハロウィンではなく普通の平日の昼間に海賊のコスプレをしている（笑）。「あ、この人、友だちの○○くん。これから遊びに行くの〜」とか先輩は言うんだけど、最後まで連れの人が海賊の格好をしている説明をしないで去っていって。「なんで海賊と一緒にいるの？　わからない！」ってモヤモヤしたまま帰ったり（笑）。

あともう一人、鉄道研究会に変わった男の子がいて、私服の高校なのに「自分はきちんとしていたい」と毎日詰襟で登校していました。「どうしてきちんとしていたいの？」って聞いたら「いつか自分は改札に立つし、鉄道会社の恥になりたくないから」って答えてきて、昔駅員さんが持っていた切符切りハサミを常に手に持って練習していました。

だけど私たちが社会人になる頃には、自動改札機が導入されちゃったんですよ！　あんなにずっと練習し続けていたのに！　大人になって「あの人今頃どうしているかな〜?」って思っていたら、ほんとうに鉄道会社に勤めていて、たまたま駅の改札で再会して「あんなに練習して損したな〜」って言ってて面白かったです（笑）。

当時を振り返ると、自分はよく頑張って気の合う人を探したなと思いました。変わった人たちって自分の激しさを隠しながら趣味の世界で生きているから、すぐには見つけ出せないけどやっぱりいた。本当に出会えてよかったなと思える変わった人たちです。

自分を抑えていなくちゃいけない高校時代の癖が染み付いて、大学に進学した頃、自分のことがちょっとわからなくなっていたこともあったんです。それって心から恐ろしいと思いました。高校の三年間で就職をしやすい人になるための価値観を植えつけられてしまって、いつのまにか自分らしくふるまえなくなっていました。

人間って、やっぱり正直な生き物。私も最初の頃は、保守的な友だちとお昼を食べたりしていましたが、話に興味が湧かないからずっと上の空。それって一緒にいる人たちにも悪いなと心から思って、いい風に離脱していきました。自分に正直に生きなくちゃしょうがないんです。だから時間をかけて、自分のカンを信じて気の合う人を探し歩いてみてください。

【4】友人が飲食店などで店員に横柄な態度をとったり、下品にからんだりするのが目につくようになりました。最初は「今日は酔っぱらっているからだろう」と大目に見ていましたが、店員に失礼な接し方をし続けるのが許せず嫌いになり始めています。こんなストレスを抱えているなら縁を切ったほうがいいでしょうか？
（三〇・四〇代）

この友だちは急に店員さんに失礼な接し方をするようになった訳ではなく、元々こういう人だったけど、相談者に見えていなかったんだと思います。多分この方の親御さんもそういう方で、その人にとってはそのふるまいが自然なんですよ。あるいは、その友だちが必死に隠していて相談者に見せていなかったか。急に失礼な人間になる人ってあまりいないので。

「縁を切る」って皆さん言いますけど、なかなか縁って自分から切れるようなものじゃない。やっぱり自然に任せていつのまにか離れていくのがいい。「縁を切ろう」と思っている時点で相手に対して執着があるように思うし。

ではこの友人の態度を不快に思っている相談者は具体的にどんな対処をしたらいいか

と言うと、すぐ、その場で注意するのがいちばんいいです。「店員にそういう接し方するの嫌なんだよ、飲食店で働いたことってあるの？　自分はあるから、そうされる辛さがわかるんだ」と、一旦軽くケンカを売ってみる。ケンカを売ってみて、相手の出方でまた判断する。「ごめん、うちの父親がこういう感じで店員に接していたから……。ちょっと気をつけるわ」とわかってもらえる可能性もありますよね。とにかくそういう風に空気を動かさないと。心の中だけで「こいつ嫌だな～」と思っていると、それだけが相手に伝わってしまう。「あれ、なんか最近避けられている？」って相手は理由がわからず傷ついてしまう。でもここで、改めて呼び出して注意するんじゃなくて、「ねえ、今のその態度さ！」ってすぐ現場で言うのが大事なポイント。「そういう態度を見るのが本当に嫌なんだよ」と言って、それでも「店で働いている人なんて客より立場が下なんだからいいんだよ」と言う人だったら、「とりあえずもう一緒に店には行かないよ」と言うしかないですね。毎回その人とご飯を食べるとき、店員さんに「友人がすいません……」って謝り続けるなんてお互いに苦痛が大きすぎますしね。その人の実家ではお店を出るときに店員さんに「ごちそうさま」を言うことを全くしない感じであれば、その人にとっては店員さんに横柄な態度を取ることが自然だと染みついてしまっている訳で、その点はもう折り合わない。もしまだ一緒にいたいなら、別の面でつきあっていくしかない。

その場で言うのがなぜ大切かというと、お互い深い傷を負わないためにです。後からしみじみとメールで「あのとき、あなたは店員にこういう態度をしていましたよね？　とても気分が悪かったです」と告げることって、ついやっちゃいそうなことですが、深刻になりすぎてしまう。「やめなよ〜、そういうの嫌なんだよ〜」とか、「どうしてもやりたいの？　少なくとも自分の前だけではやめてくれないかな？　やめられないなら一緒に店に行くのはきついわ、ごめん」ぐらいの感じで。

私も昔はその場で言うより、後からメールを書いてきちんと伝えるようなタイプでした。今でも物事によってはメールで本心を伝える形を取りますが、パートナーとか仕事でがっちり組んでいるとかいうケースでなければ反射的に言うのをおすすめします。若ければ若いほど言いにくくて、とても勇気がいることだけれど、溜めるだけ溜めて相手にぶつけるより、お互いの傷が浅くすむ。「ずっと何年もそう思っていたのか？」となると相手の失礼が無意識だった場合ショックを受けてしまうので、ぜひ次にその人が「失礼な」（笑）機会に試してみてください。

【5】ある日突然友だちに無視されたり裏切られたりした経験があり、人間不信になっています。人間不信を克服したいと思っていますが、どうしたら改善できますか？

私は無視や裏切り行為をいきなりしてきた人とは、一生つきあいません。会えば普通にふるまいますが、親しくはしないようにします。くりかえしがちなことだし、時間がもったいないです。でも違う人が別の機会に同じ感じであなたを無視したりすることが起きたら「これはある程度、自分にも何か問題があるのでは？」と見つめ直したほうがいいでしょう。そこで自分の問題点を見つけ出して改善したら、同じようなことは自然と起きなくなります。

いろんなケースがあるので一概に言えませんが、同じようなことを引き寄せている可能性もあります。例えば、自分は無視されていると思っていても、実は相手をよく見ていなくて、いつも相手が疲れているときにしつこく話しかけていたとか。そして同じことをまた違う相手にして無視されるというループが起き続けるとか。一回こっきりの裏切り経験であれば、たまたまそういう環境だっただけかもしれない。

先日タクシー乗り場で並んでいたら、私の前に男性二人、女性一人の会社の同僚っぽい三〇代グループが立っていました。終電終わってすぐくらいの時間帯でお酒が入っている様子。普通に三人で会話しながら並んでいると思ったら、何も言わず男性一人を置いて男女が急にいなくなったんですよ。「この置いてけぼりの男の人、もしかしたら嫌な奴なのかもしれないけど、こんなこと普通しないよな〜」って見ていた私までショックを受けました。残された男性が、二人が消えたのに気づいて「えっ……」って発した声が耳に残って、気の毒だなと思いつつ、かといって私が一緒に帰る訳にもいかなくて(笑)。どんなに嫌な奴だったとしても、せめて「私たち今からつきあうことにしたから！」とか言ってから帰ってほしい。あの人たちは、多分また会社で会う訳じゃないですか。あの三人は再び笑顔で会うことなんてできるのかしら？　と社会の闇を感じて怖くなりました。もしかしたら二人は「カップル成立の空気を読めよ！」と苛立っていたかもしれない。でもやり方が嫌だな、と思いました。そんな逃走をする二人とはもう友だちづきあいなんてしなくていいと思います。一言誠実に挨拶をして帰っていく人たちと、飲みに行ってほしい。

私まで「え?」って言ってしまうくらい、久々に目の前で見た「無視や裏切り」でした。そこまでだと、たとえ本人に少し問題があったとしても「あなたの責任だから受け止めて」とは私は言えない。優等生っぽい答えになってしまいますが、そういうときは関係性を見つめ直すきっかけとして捉えることしかできないです。自分の大切な時間をなぜこの人たちと過ごしてしまったんだろうと反省する時間を持つきっかけでもあるし、相手が自分をどう扱うか、それに対する答えでもあると思います。

本当に自分は相手に対してベストを尽くしてきただろうか、そういうことも問われますよね。もし自分がベストを尽くしていて裏切られたら、それは仕方ない、もう終わりにしようと切り替える。でも自分が相手に対してずさんな扱いをしていたから、相手も自分をずさんに扱ったのかもしれない。過剰に相手にのめり込んでいなかっただろうか、相手を振り回していなかっただろうか、そういうことを検証する大切なきっかけになりうるのがそんな「裏切り経験」だと思います。トラウマを克服するのであれば、まず見つめ直すことです。

私も人生で何回か、人からの裏切りを経験してきて、その出来事を検証してきました。そこでひとつひとつ勉強していき、違うパターンでのトラブルが起こることはあっても、同じことで同じように裏切られるということはなくなりました。それも感情的なことや状況的なことではなくて「あれ？　この空気はまたあのパターンに陥る空気？」って感覚的に判断できるようになったんです。

私の人間関係の理想は「全員が動いて流れていて、なのにぶつかり合わない」みたいな感じ。そういう理想形を持っていることが、私にとってはとても大切なことです。

今の人たちはみんな、固定とか持続に力を入れすぎている印象があります。結婚とかそういうことも含めてですけど。その気持ちを持つのは大切なことだけど「持続」に力を注ぎ過ぎていると「現在」がおろそかになる気がします。私も気に入った服や靴をいちいちふたつ買うようなタイプで、人一倍「固定したい」という気持ちがあるのでわかるんですが、よいと思った関係は持続させたいという気持ちが強いからこそ、そこにしがみつき過ぎないようにも気をつけています。

たとえ「固定をしたい」と願っていても人間関係って、それほど思いどおりにならないですよね。自分の先々のことですら思いどおりにならないのに、人数が増えたらもっと思いどおりにならないですよ。だから、いちいちぶつかり合わないで全員が流れているのがいい。

極端なことを言うと、昨日いた人が今日は隣にはいないけれど自分は充実しているみたいな状態が理想的。ただやっぱり、好きな者同士は放っておいてもまた出会って「あ、また会っているね」と心地よく過ごすとは思います。

私は若いときにとある職場という枠の中で、ある女の人と接していたのですが、その人は感情だけで「今日はこの人をいじめちゃおう」とか「今月はこの人をみんなで無視するって決めた」とかまるでプレイのように意地悪をする人でした。毎月ターゲットを変えるので自分に矛先が向くこともあったんですが、私は「こんな人もいるんだね～」と全くなんとも思わなかったんです。でも、その意地悪プレイをする人が一緒の空間にいることによって私の知人が被害を受ける。それは巡り巡って私もダメージを受けることと一緒であると、後で気がつきました。それ以来、そういう人がいる場所に行かなくなりましたし、身近にも置かないほうがいいんだとわかりました。

そして、私の鷹揚《おうよう》さが悪かったなとも思いました。自由な空間なのだから意地悪な人も別にいていいと思って過ごしていたけれど、私の愛する人たちが傷ついているのに気づいて、この人をあえて側に置く必要はなかったんだと……。今の私なら、やんわり、しかしはっきりと離れますね。

感情で意地悪プレイをする人って、なかなか更生しないんですよ。愛情を与えて包みこんでももちろんダメで、会社や学校に必ず一人くらいいる人種です。私がそのプレイを気にしないタイプだったので、その人はあえて近づいてきたんだと思うんです。「この間、あの人にこういうこと言ってやったよ」と自慢げに報告してくるような人でした。こういう人って魔性のような不思議な力を持っているので、その人にくっついて来られると悪い気はしないようなところがありました。

私は、幼い頃から人間関係が激しい環境に身を置いていたので、ダメージを受けない強さを自然と身に付けていたと思います。だから私も気づくのが遅かったんです。何かが起きているというのは薄々気づいていたんですが、決定的な証拠や場面がない限りは私が何か言う訳にもいかないし。自分がターゲットにされて「この旅行は私が仲間外れにされているんだな」と気づいても、そのグループ以外にも私には仲間がいるから全然気にしなかった。

今となっては「自分はそれを望まない」とハッキリ言えるんですけど、当時は「別にいいんだけどね」という感じでした。「結局よくない！」って、後々わかりましたが、この出来事がなかったら大きな学びはなかった。現在の私は「別にいいんだけどね」という人間を卒業しているので、「あの人にそういうことをするのは止めて！」と自分が言える立場だったら言うべきってわかっています。こういうことが起きたときは環境を大きく変えるべき時期かもしれませんし私はこのできごとで、自分の鷹揚なあり方の害をしっかり見つめ直しました。

【6】元カレと友だち関係に移るということはありえますか？　何年もつきあって別れて、ある時間が経つと、相手のすべてを否定しきれません。恋愛関係が壊れてから、友人になれるきっかけとかコツはありますか。（三〇代）

元カレとは友だちになろうと思わないほうがいいですよ。なれないし、おかしいですよ（笑）。私も過去におつきあいしていた方と会うこともありますが、本当に「男女の恋愛」という感じでつきあった人とは二度と会いません。二人っきりでご飯を食べに行くことも絶対にしないです。ただ元カレにもいろいろ種類があるじゃないですか。共通の知人が多かったり、人間的に惹きつけ合った感じの元カレもいます。「男と女！」という感じが少なかった恋愛の場合は、別れたあとも会う可能性はあるかもしれません。

例えば私は編集者の元カレとかは仕事で会うこともあるし、お家にお邪魔して奥様としゃべったり子どもたちと遊んだりすることはありますが、二人きりで会うことはしません。そもそも同じ出版業界にいるからというのと、つきあっているときも一番共感していたのが「お互いの仕事の姿勢」だったので今でも仲間でいられるんです。

二人っきりで会うのはあまり自然なことじゃないと思う。昔好きだった人を忘れられない系の話もよく聞くのですが、その時代からいったい何年経っているの？　っていつも不思議です。「昔が懐かしい」というのと違う訳で「忘れられない、だから今つきあいたい」って思うなんて、無理があると思う。月日と共に自分も変化しているし、同時に相手も変化しているということだから。「その当時のその人のことが好き」というのなら私もわかりますが、そこに「今」を混ぜちゃうといけない気がします。

「元カレと友だちになりたい」という感情は、どこから湧いてくるかと言うと、「楽だから」が大きな要素なのかもしれないですね。「別れたけど家に泊めてもらう」とかは一切ない人生だけど、今実家に帰ると私の元カレがなぜか働いているっていう珍しいケースを経験中です（笑）。

彼は親を介護してくれて、私よりも家族と仲良くなっちゃったようで、私とは別れるけど、私の家族とは別れられなくなり……。いろいろお世話になってます、みたいな幸せな関係で、信頼は残っているし、二人きりで会ったりする訳じゃないのでよい形です。

【7】同じ職場で気の合う仲間がいました。休みの日に映画に出かけたり、親密な話もしていました。しかしある日、私としては秘密にしてほしかったことを社内で知っている人がいることに気つき、言いふらされたのではと不信感でいっぱいです。やはり職場でできる友だちと、プライベートでできる友だちとはつきあい方を変えたほうがいいのでしょうか？　（二〇代）

まず、休日一緒に映画に行くくらいでは、友だちという関係にまでいっていないと思います。あと、秘密というのは人に話したら基本、おしまいですよ。

だからと言って、どんどん言いふらしてもらっていいという訳じゃなくて、それで相手のことを許れるところもあります。秘密をペラペラ話すような人には二度と大事な話はしてはいけないというバロメーターになることもあるけれど、自分が口に出してしまってから「秘密を人にバラすなんて！」という怒り方はちょっと理不尽な気もします。

それにその人が本当に言いふらしたという証拠もないので、これはわからないケースですよね。もしかしたら、違う人が言ったのかもしれないし。

職場で人間関係がこじれるというのは本当にリスクの高いことですから、社会人でしたらそれなりに気をつけたほうがいいと思います。小さい会社で五人しかいないとか、そういう環境だと何かあったら互いにフォローし合わなくてはいけないので、ある程度は親密になっても仕方がないですが、不特定多数で知らない部署もいっぱいあるといった環境だと、それなりに線を引いておく必要があるかもしれませんね。一〇人以上の職場でポジショニングの争いもあるようだったら、あまり個人情報をさらけ出すのはどうかなって思います。だからまずは会社の人となんとなく仲良くなって映画を観に行き、秘密を言ってしまった自分のあり方をまず問い直すべきでしょう。

また、仕事の仲間がプライベートの友だちよりある意味深い場合さえあります。大きな問題やプロジェクトを一緒に乗り越えたりすることによって、普通の友だちにはない強い絆が生まれることもあるものなのです。

趣味も話も合わないけど、大きなプロジェクトを一緒に達成したら、また別次元の友情のような何かが生まれているってことは、働いている方は誰でも経験があると思います。プライベートでは全く会わないけど、仕事ではツーカーの仲みたいな。仕事上の癖もお互い知っていて、「この人はこういうところが苦手だからフォローしておこう」とか「ここは任せたほうが上手くいく」とか補い合ったりする。実は職場の人間関係ってこれだけで十分。これだけで本当に素晴らしいもの。だから仕事の絆やそこで得られる宝を大切にするためにも慎重に接していないとですよね。

同僚とプライベートで関係が悪くなってしまったら本末転倒。仕事という大目的が果たせなくなってしまう。プライベートの友だちとはまた別の尊い関係があるのが職場仲間です。

仕事の仲間というのは「自分の経済」に関わる人間関係なんだということを意識してほしいです。それと逆に、プライベートな友だちは「経済を抜きにした関係」であることも大事にすべき。

「職場仲間と会社帰りにも遊んで、なおかつ休日も会っている人生、本当に幸せですか？」と言われたら、よほどよい環境がたまたま整った場合は別として、やっぱり息苦しいように思えます。

やはり、バリエーションが豊かな人間関係を持っているほうが、生きるのが楽になると思うんですよ。あと夫婦も、経済を二人で一つにしているのでお金が関わっている人間関係。職場仲間と夫婦って単位も成り立ちも違いますが、ほとんど同じ意味じゃないかと思います。逆に、プライベートな友だちや恋人というのはお金のもめごとが関わってはいけない。こういうことを踏まえて作っていく関係は本当に美しいもの。お金を介している関係だから汚いということではなく、だからこそ自分が冷静になれたり、素直になれたりすることもありますから、それはそれでやはりすごく豊かになる。

学校は自分がお金を払って学ぶために通っているところで、職場は自分の時間を売って仕事をしてお金をいただくところ。友だち作りの場所じゃないことをいつも念頭に置くと気が楽になると思います。

【8】転職活動が長引いている友人から「生活費がきびしくなってきて、親にも心配かけたくないから一〇万円貸してほしい」とお願いされました。学生時代からの仲のいい友人だったので、助けてあげたいと思い、一〇万円を貸しましたがその後連絡がつかなくなってしまいました。こんな風に仲のいい友だちからお金を貸してほしいと言われたとき、ばななさんはどのように対処されますか？　（二〇代）

「お金は貸さない。でも事情によっては、あげられる分だけのお金をあげる」というのが私の基本的な方針です。例えば、「一〇万円貸して」と言われたら「一万円ならあげられる」というように。

もちろん、借金を申し込んできた相手が親しくない人でしたら丁寧にお断りしますよ。お金を貸してくださいと言われることが多かった私ですが、今は自分が住宅ローンという借金をしている立場なので、もう決して貸さないし、私も返せるかどうか少しでもわからない状況なら、友だちに借りようと思いません。お金を貸して踏み倒された経験が、私にももちろんあります。こういう経験を重ねて思うことは「お金を貸すことで、友だちの人生を悪くしてしまう可能性がかなり高い」ということです。この場合、この相談者の方に一〇万円を借りて、また違う人からも一〇万円を借りて、それを続けた結果、今頃その友人という人は一〇〇万円以上の借金を抱えているかもしれません。安易にお金を貸すことは、友だちが堕《お》ちていくことに手を貸すことになる可能性があります。私がこの相談者の立場でしたら「一万円ならあげるし、ご飯くらいならおごるから、もう一回ちゃんと考えなよ」と言うでしょう。

友人同士でお金の貸し借りをすると、その瞬間から純粋な友だち関係ではなくなり、「貸した人と借りた人」という関係に変わります。

この相談者と借りた友だちは、一〇万円を介したことで、長年かけて作ってきた友情を一生失った訳です。お金を貸す・借りるという行為には、こういう大きな喪失が起こりうるということ。では一〇万ではなく一〇〇〇万円と引き換えだったらいいのかというと、そんなことはありません。同じことです。金額の問題ではありません。

友だちがお金を持って逃げた。このできごとによって、その人のことも嫌いになるし、学生時代のいい思い出もすべて嫌なものに変わってしまう。積み重ねてきたものが、ゼロ、もしくはマイナスになってしまう。そうなってでも構わないという覚悟があるのか。この関係性が壊れるリスクをきちんと理解している人であれば、ちゃんとお金を返してくれる人とも言えるでしょう。

「返すに決まっている」と思っていたから一〇万円を貸したのだと思いますが、結果お金はあげたことになってしまったし、友だちまで失ってしまった。貸してしまった方は、かなり傷を受けていると思います。でも、怒りやショックを持ち続けて暮らすより「もう友だちではいられない、でももしかしたら数年後に急に返してくれることもあるかもしれないな」という姿勢でいるほうが精神的にいいように思います。

私の人生できちんとお金を返してくれた人がこれまでに二人いました。貸した人数に比べて笑っちゃうくらい少ない割合ですけれど。私はその二人にあげたつもりでお金を貸しましたが、きちんと全額返してくれた彼らのことを今でも尊敬しています。その人たちは、収入がすごく向上した訳じゃないのに返してくれたからです。

一人は私の女友だち。彼女は海外に住んでいたのですが、日本に帰る渡航費がなくて困っていて「帰国したらバイトしてすぐに返す」と言って、本当にきっちり返してくれました。

もう一人は男友だちで、彼には三〇万円を貸したのですが、就職したあとにこつこつ返してくれました。「ちゃんと返さないと吉本さんに二度と会えなくなるから」と、そのときに言われた言葉が強く印象に残っています。

その反対に、私は二三〇〇万円という大金を踏み倒された経験もあります。やはり今でもその人のことを嫌な風にしか思い出せません。その方は税理士で、契約書などの書類を作成するのはお手のもの。大金を貸す私もかなり慎重に、注意深く進めましたが、借用書も担保もすべて捏造《ねつぞう》されて騙されてしまいました。

その方は父の友人で、父から私に「お金を貸してやってくれ」とお願いされたんです。私も普通はそんな大金を人に貸したりなんてしないですし、当時そんなにお金がある状況ではなかったので、精一杯かき集めて貸しました。騙されたと気づいたのち、裁判も起こしたのですが、途中でどこか遠くに逃げてしまい、現在も消息不明です。ご高齢だったのでもう怒ってはいません。気の毒な人だと思っています。

私は周囲からお金持ちに見られがちですが、常に住宅ローンを組んでいる状態なので、そんなにお金持ちではありません。普通の人よりお金を動かしやすい状態であるだけ。

消息不明になったその方は、父が若くて生活が安定していない頃、税務処理を無償でしてくれていた人だったので「私が父の借金を返した」と思うようにしました。そんな風になんとか自分のなかで落としどころを見つけなくてはいけませんでした。

また別件で、二五年前に一〇〇万円を貸した人がいます。その人も返金せず連絡が取れなくなりました。そのあと、映画のプロデューサーとして活躍しているのを知って、その方が関わった作品を見かけると、私も人間ですから少し苦々しく思っちゃいます。必ず返すから！　って言っていた姿を思い出し、そんなことでいい映画が創れるのか？と思ってしまうんです。

私はデビューしてすぐに本がたくさん売れました。「親が病気で死にそうだからお金を貸してくれ」みたいなフレーズを毎日いろんな人から言われていた時代があります。まるで宝くじに当選した人みたいな日々。その対応にいつもヘトヘトでしたが、鍛えられもしました。若い頃はとくに「この人ちょっと怪しいな～」と感じても「でもきっと、そこまで悪い人じゃない」と思いたくなるもの。でも振り返ると「この人ちょっと怪しい」と感じていたほうを信じていたらよかったなと思います。おばさんになった今では「なんじゃこりゃ！」と感じたら、そのまま「なんじゃこりゃ！」って言っちゃいますが（笑）。「でも、そんなはずはない……」と思ってあげたくなるのが若さなのかもしれません。

そんな経験をしてきて、私がたどり着いた答えは最初にも言いましたが、「お金の貸し借りはよくない！　あげられる分だけあげるほうがいい」というシンプルなものです。

でも本当に人間とは怖いもので、「カンパするよ」という気持ちであげたはずのお金だけど、忘れられない。自分があげたいと思ってあげたお金なのだから忘れたらいいじゃないかと思うけれど、必ず嫌な形で記憶に残ります。これまで対等だった同級生との関係を対等ではないものに変えます。そのくらい強い力がお金にはあると思うのです。

あえて何か仕事を頼んで報酬としてお金をあげるという方法をとるときもあります。例えば「一万円出すから引っ越し作業を手伝って」とか、なるべく労働の対価にして、相手にも自分にも嫌なものが残らないように工夫するのです。

なんの代償もないお金をもらい続けると、その友人はどんどんだらしなくなってしまう。この相談者の方はまだ若いので独身なのかもしれませんが、結婚して家庭を築いたり、両親を介護したりしていたら、「愛する家族にお金を使いたかった」という後悔まで いずれ出てきてしまう。「あの一〇万円で家族旅行に行けたのに」「あの一〇万円で両親を病院の個室に入れてあげられたのに」そういう感情が湧く瞬間も後々出てくるからです。家族のためにお金を使う場面が、大人になるとどんどん増えてきます。そのことも、これからは考えてください。

最後の最後についこんなことを言ってしまいますが、私だったらこの方にはまず「転職活動が長引いていても自分が健康だったら、短期アルバイトでもしてその一〇万円くらい作れないの？」って聞くでしょうね（笑）。

【9】ママ友の輪の中に上手く入っていけません。保育園や幼稚園のママたちとはどのように接したらいいでしょうか？　ばななさんは、どのようにおつきあいされていましたか？
（三〇代）

私の場合、そもそも幼稚園のママたちとは一〇歳くらい年齢が離れていましたし、仕事をしている忙しいお母さんが多かったので、お茶会が頻繁におこなわれるような環境ではありませんでした。そこまで積極的に関わらなくても大丈夫かなと思っていましたが、なんとなくのママ友が二人くらいできて、重要な連絡事項があったら教え合う仲になりました。

テレビなどでよく報じられる、ママ友トラブルのほとんどは「経済の格差」から生まれていると思います。「経済の格差があるからトラブルがあって当然」とご本人が認識しているのであれば、輪のなかに入って交流していいと思います。

例えば、ある人はランチに一五〇〇円を払ってもなんとも思わないけれど、ある人はその金額のランチ会に頻繁には参加できない事情があるとか。

ママ友というのは、経済力の差がそのまま力関係の差に反映されやすい傾向があります。そして、人間というのは本当に複雑なもので「自分で働いて得た収入」であれば心に屈折が生じないのですが「自分で働かずにお金持ちになった」という状況に置かれると、プライドの持ち方に歪みが生じて周囲に対して力の差を誇示したくなったり、権力を求めたくなることがあります。自分の価値というものを、そういう形でしか表現できなくなってしまうのでしょう。その屈折が人間関係にも反映されて、派閥や対立が生まれる。大人になると似たような収入の人ばかりがなかなか集まらないから起きる問題だと思います。

子ども同士が仲良くつきあうようになったから、親同士が仲良くなる。まず、この順番を間違わないのが大切だと思います。私は、ママ友がいなくて寂しいとは、一度も思ったことがありません。リラックスした自然な自分でいれば、たとえママ友と呼べるほど仲良い人ができなくても、学校行事の連絡をしてくれる気が合う人くらいは周囲に現れるのではないでしょうか。

あの人の子どもと自分の子どもが仲良しだから挨拶し合うようになるとか、ごく自然なできごとがないと人間同士はなかなか親しくなりません。自分の子どもが「今日は○○くんと遊んだ」とか「○○くんと××に行ってきた」とか、話によく挙がる名前を聞いていたらやがて○○くんに会ったら挨拶しますよね。その延長線上で、○○くんの親に会う機会があったら挨拶をしよう。そんな風に自然と距離が近づいていく。そういうのが一番いいと思います。

子ども同士が幼稚園で仲良くなった。「今度お家に遊びに来て」と招待された。手土産を持ってご挨拶に行こう。つぎは自分の家にも遊びに来てもらおう。そういう自然の流れで発展していく人間関係であれば、それはもうママ友だけではありません。普通の人間関係です。

子どもが高校生ならともかく、幼稚園や小学生の友だち関係って、一生のつきあいになる可能性がとても低いですよね。ママ友ということに意識を向けないで「これは今だけなんだろうな」と思いながら「○○さんとは、子どもが仲がいいときはよく会っていたな」と、いずれ思うくらいの距離感でいいのでは。お母さん同士の関係は、割とさらっと捉えて接していくのが一番いいです。

基本的には母親という存在は、昔も今も大きく変わっていません。今の時代、どうしてこれほどママ友のつきあいで疲れる人が多いかというと、冒頭でも申し上げましたがやはり「経済の格差」や「子どもそっちのけ」だからかもしれないです。

経済状況が違うということは、価値観も違う可能性が高いということ。「最近話題の○○レストランに食べに行きましょう」「○○百貨店にお買い物に行きましょう」「○○さんのお宅でパーティーをしましょう」という誘いを受けても、自分はそれに興味が湧かないしお金もない。それでもそのグループにいなくちゃいけない。こんな気持ちでグループに参加していたら、ストレスが溜まるのは当然です。

「経済の格差」以外には、「子ども同士のトラブルがそのまま親同士のトラブルへと発展する」というケース。この二つが、子どもが小さい頃に起きる王道パターンですよね。

「ママ同士だから、いつもキッチリ線引きをしていなさい。トラブルに巻き込まれないように挨拶程度にとどめなさい」ということではもちろんありません。人間は一人ひとり違うので、それぞれ個別に考えて接していくのが大切なんです。いちがいに「こうすべし！」とは言えません。例えば、パートで働いている人と働いていない人では一日の時間の使い方は違いますし、お金に余裕がない人でも「セレブの人たちと一緒にいるとすごく楽しい」と思う人だっていますものね。

私の場合、ママ友問題で悩むことがなかったのは「みんなと年齢が離れているしママ友はナシでもいいや」という姿勢でいたからだと思います。この気楽な姿勢でいたことによって、一人、二人と友だちができていった気がします。

「友だちナシでいこう」と「友だちナシでもいい」には、大きな違いがあります。この二つの差は、実はとても大きい。「ナシならナシでも！」というリラックスした雰囲気は周りにちゃんと伝わる。あの人はいつも忙しそうで集まりにあまり顔を出さないけれどきっと悪い人じゃない、という感じには伝わります。

今の時代、ママ同士だけに限らず「友だちはとにかく作らなければいけない」と思い込んでいる人がとても多い。「この場所では別にナシでもいいや」と思うことがたまにあってもいいのではないでしょうか。

そして人間関係とは、必ず移ろうもの。考え方も住む場所も働き方も、人の状況はみんな移ろっていく。「人間関係を固定しよう」と思い過ぎることが、ほとんどのトラブルを作っているのだと思います。

【10】本音が言い合えるリアルの友だちがいません。顔も知らないネット上の友だちとは悩みも素直に言えたりできます。リアルの友だちにも心を開いていきたいのですが、どうしたらいいでしょうか？
（一〇・二〇代）

匿名で交流するネットの世界で、悩みを聞いてもらう。それで気持ちが晴れるのであれば、リアルの人たちにモヤモヤを撒き散らすよりいいことだと思うのでそのつながりはそれはそれで大切だと思うんです。

私も以前、自分の公式ホームページの、ファンからの質問に答えるコーナーでたくさんの人とやりとりしていましたが、相手の性格や特有の癖まで知っている訳ではないので、あるレベル以上の深いアドバイスはできませんでした。ネット上の友だちとはこの限界はわきまえていないと、いい交流が継続できなくなってしまいますよね。

例えば「友だちができません」という悩みをネット上で打ち明けている人がいるとします。この方のプロフィールを見ると「こんなにいい感じの人なのに、友だちいないんだ～」と思うかもしれません。でもその人が友だちができない原因が「お風呂にたまにしか入らなくていつも臭い」というその一点だけかもしれない。これは極端なたとえですが、近くにいる人間じゃないとわからない人間の一面って、ほかにもいろいろあります。そういうところまでわかり合うことは、ネット上だけではどうしても限界があります。

「リアルの世界で素の自分が出せない」と悩んでいる方たちにアドバイスをするなら、「少なくともまず、自分自身には心を開いていましょう」と伝えたいです。自分が自分に心を開いていれば、少しずつ素を出せる友人が現れてくると思います。

「友だちの話がいまいち面白いと思えないな……」と本当は感じているのに「すごく楽しいよね、私！」と自分に嘘をついて人とつきあうことをやめていく。自分が嘘ばかりついていると嘘つきの友だちが寄ってくるように、自分が自分に心を開いていれば、心を開ける友人が現れてくるというシンプルな法則です。

【11】友だちが会社の人間関係に悩み、うつ病と病院で診断され、実家に引きこもってしまいました。友人として何か支えになりたいと思っています。ばななさんは友だちが心の病にかかったとき、どんな風にサポートしますか？（二〇代）

基本的に病気というのは、治るまで静かにしていなくちゃいけないものですから、「いつも、こちらの扉は開いているよ」というオープンな状態を保って待つしかない。いつでもここに来れば私に会えるよ、ということを本人にどう表現するかは、たまにメールを送るとか、体調がいい日にすかさず会いに行くとか、そういう小さいことです。私はお医者さんではないので治療もできませんし、家族でもないし、友人としてのサポートは、いつもつながりがあることを表現するしかできないと思います。

こういうときこそ、互いにとって気持ちのいい距離感を保つことが大切です。メールを書くときや、直接会ったりするときのポイントは、普段のままで接することです。「この間〇〇さんにバッタリ道で会ったよ〜」という風にいつもどおりのテンションで。「こっちは病気で苦しいのに、なんで普段のままなんだよ！」と相手が不機嫌になるかもしれませんが「普段どおりで接してくれたのが、あのときはよかった」といずれ思ってくれる気がします。

そもそも友だちが病気であっても、健康であっても、「人とは悔いなく会おう」と私はいつも思っています。その心の姿勢は相手に必ず伝わります。

私も年齢的に、友だちが亡くなることが増えてきて、人はいつどうなるかわからないとより強く感じるようになってきました。「さあ、今会っているこの時間を集中して噛みしめて！」という訳ではありません。今日は思う存分ダラダラしておしゃべりしたな～という会い方だって悔いのない会い方の一つ。会っているときがどんな雰囲気であれ「その人と会っている」と確信できる時間を積み重ねていけば、相手がうつ病になったときに、大きく間違った対応はしないと思います。

うつ病の友だちが混乱していて、とんでもない言葉を自分に投げかけてきて、傷つくこともあるかもしれませんが、その発言も本人が放っているというより病気がそうさせていると捉えながら、気長につきあっていくといいでしょう。とにかく「通常の状態じゃない」ということを忘れずに接してあげたいです。

私自身もどちらかというと、躁よりはうつ寄りの人間なので、うつ病の人のほうが接しやすい。私は躁タイプの人の激しい時間の使い方がちょっと苦手で、そういう人とあえて接することはほとんどしないですが、黙ってぼーっといっしょにいたりはできるので、向き不向きでいうとうつの人と接するほうが向いているようです。

かなり気分が沈み込んでいるなと思うメールや電話を親しい友人からもらったとき、私がどんな返答をするかといいますと、真実を伝えるように心がけています。もちろん関係性によって、伝え方のさじ加減はしますが。

うつ病の人の周りは、自分の発言によって自殺に追い込んでしまったらどうしようと多かれ少なかれ恐れています。「自分の真実の言葉によって自殺されても一向にかまわない」というようなことを、作家の森博嗣*先生が著書で書かれていたのですが、この本を読んだとき胸がすく思いでした。ここまでの考えになって誠実に伝えたら、逆に人を救えるかもしれないと思ったのです。

死んじゃったら困るし、とりあえず優しくしておこうと相手の自殺に怯えながら接するよりも、とにかく真実を伝えるほうが、一見冷たそうに見えるけれど、本当の愛ある態度だと思います。「私はあなたには死んでほしくない」ということももちろん伝えますけど、そのうえで自分が思うことをきちんと伝えていけば、自分自身に嘘をついていない。きつい言い方でではなく、「こういう状況になったのは、こういう原因があったんじゃない？　私はそう思うな」というニュアンスでアドバイスを伝えるときはあります。

＊森博嗣　作家、工学博士。某国立大学工学部助教授として勤務するかたわら、一九九六年に『すべてがFになる』で第一回メフィスト賞を受賞し、作家としてデビュー。以降スカイ・クロラシリーズ、S&Mシリーズ、Vシリーズ、Gシリーズなどの小説から、仕事論『「やりがいのある仕事」という幻想』まで多数。

【12】数人の友だちに悩み相談をしたら回答がバラバラで、どのアドバイスを参考にしたらいいのか混乱しています。客観的な友だちの意見を、取捨選択していくコツはありますか？

（二〇・三〇代）


まず、相談したいことが、これはひとつのたとえですが、「夫と離婚したほうがいいですか？」という抽象的なものなのか「どのビザを取得したら一番早くアメリカに住めますか？」というような具体的な相談なのかによって違ってくるでしょう。

具体的な相談でしたら「学生ビザを取ったら？」と言う人もいるし「最初はとりあえず観光ビザで」と言う人もいて、アドバイスがバラバラに割れるのは当然ですよね。

では「離婚すべきかどうか」というような抽象的な相談をした際に、どのアドバイスを参考にするのかをどう判断したらいいのか。それは、友だちが自分のことをどれだけ親身に思ってくれているかをまずはかることです。それから参考にするかどうかを決めていく。こういうときは「耳が痛い」と思うことをいつも言ってくれる友人の意見が、一番参考になる気がします。

あと、自分と人生の価値観や経済状況が似ている人かどうかも重要ですね。そこが違うと、自分にとって非現実的なアドバイスをされてしまうかもしれませんので。

私が人にアドバイスするときに心がけていることは、相談者が一〇年後に思い出して腑に落ちるように伝えること。どうしてそんな伝え方をしているかというと、人は悩みの渦中にいるうちは、問題の本質をきちんと見ることができないくらい混乱している状態だからです。

私も自分自身だけでは考えがまとまらないときは、人に相談します。私が最も信頼しているサイキック・カウンセラーの友人も、私の一〇年先を見てアドバイスをくれていた気がします。それがプロというものだなと思うんです。

あと私は、前出の森博嗣先生に人生相談をしたことが二回あります。森先生は私以上に身も蓋もないことをおっしゃるので、私がいつも人にしているはっきりしたアドバイスってまだまだ優しかったなって思うくらい（笑）。「そこまで言いますか……」と震えるほど率直な回答をいただきショックを受けるのですが、それがいつも正しい回答なのです。「やっぱりそうですよね、本当にすいませんでした〜、私が甘かったです！」と謝りたい気持ちにもなります（笑）。

バリ島の大富豪・丸尾アニキ*にも相談することがあります。いつも不思議に思うのですが、サイキックの友人と森先生とアニキの回答が、別々になることはありません。私をよく知ってくださっている人たちだ、とありがたく思います。もし、この頭のいい三人が別々の意見を言うときは「まだ自分のなかで悩みが極まっていないんだ」と判断すると思います。

私自身もやはり人間なので、自分の悩みとなるとブレが生じて判断が鈍るときがあります。自分のなかで真剣に考えぬいたうえで、その三人に相談をするとズバッと一刀両断！　で目が覚めるのです。

私はズバッと言われるとスカッとするタイプですが、そうでない人もいますよね。でも、その場では怒ってしまっても、「吉本さんの言っていたことはこういう意味だったのか」と、いつかわかってくれることがあるかもしれないのです。

森博嗣先生はアドバイスをされるときは必ず「自分だったらこうします」とおっしゃいます。この「自分だったら……」という前置きによって、相談者も落ちついて考えることができる。そして「この人は相手の決断を尊重する人だ」と思い、自分も自分の決断を信じることができる。

抽象的な質問をしてバラバラの回答が集まってしまった。こうなった場合は、前述のように考えがまだ自分のなかで極まっていないんだと思います。もうちょっと自分だけで考えてみて、問題の取り違えがないかを再度点検してください。

＊丸尾孝俊　大阪生まれ。中学校を卒業後、看板屋に丁稚奉公し、その後、吉本興業事業部に入社し、独立。バリ島で手持ち資金一八万円からはじめた商売は急成長。地元の人びとを支援し、アニキとして慕われている。著書に『大富豪アニキの教え』『出稼げば大富豪』『金のなる木の育て方』など。

【13】私は小学生の子どもを持つ母親です。自分の子どもがクラスメイトとの人間関係に悩んでいることに気がついたときに、親は介入したほうがいいでしょうか？　首を突っ込むと問題が余計にこじれてしまうのではないか、といってそのままにしておくと深刻なイジメに発展してしまうのではないかと、心配です。（三〇代）

私は基本的に「子どもの友だち問題には介入しない」という姿勢ですが、息子には折に触れて「本当に辛いことがあったらすぐ私に言ってね」と伝えています。何ごとかが起きてからではなく、普段からそれだけを伝えておいて、あとは信じて待つしかない。

これは「子どもをやみくもに信じる」という意味ではありません。「本当に困っていたら親に言って」と私が息子にしっかり伝えたことが届いていることを信じるという意味です。「お母さん、ギブアップ」と、子どもが言ってくれるかどうかはただ願うことしかできない。

最悪の事態になったときに親を頼ってくれる、そういう信頼関係を築いていくことなら日々の努力でできます。大変な事態に発展してしまった、もうそのときは、子どもはかなり混乱していてうまくＳＯＳが出せません。そんなときでも子どもが何かしらのサインを出せる、話しやすい状況をいつも作ってあげてください。

子どもにはそれぞれに特有の癖があります。自分の子どもの癖を把握しておくことは、子どものピンチをはやく察知できる準備になります。例えば、うちの子どもは、起きたできごとの日にちをわざと前後ズラして話す癖があります。親に心配かけまいという気持ちだったり、親に言うのが気恥ずかしいという反応なのでしょう。つまり、日にちをズラしたいくらい思い詰めている部分がそのとき子どものなかにあるのです。

こういうときに「日にちをズラしているでしょ。なぜうそをつくの?」と言ったり、根掘り葉掘り聞いたり、親が一方通行な感じで接していたら、子どもを守るセーフティーネットは作れません。本当の危機のときに、助けてと言える信頼関係ではないからです。

子どもと信頼関係が作れていたら、声のトーンや表情だけでも「これはただごとではない」と親は気づけます。親が介入しなくてはいけない、そうしないと収拾がつかない、そのレベルまで問題が深刻になった場合は「学校を替えるか、替えないか」という選択をしなくてはいけないときです。

だからと言って、子どものちょっとした悩みにいちいち親が介入していたら、子どもの成長の妨げになります。子どもがたったひとりで悩むことは成長するために必要なことでもあります。

「これくらいは軽い問題だな」と大人は思うようなことでも、子どもにとってそれが軽症とは限らないんですよね。その人が大切にしているこだわりは、本人にしかわからないところがあるので、とても判断することがむつかしい。だけど「絶対的に、親は親なんだ！」という気持ちだけは手放してはいけない。そうすれば子どもは「最後は親に頼れる」というセーフティーネットが持てる。「親にも頼れないし、どうしたらいいんだ」という状況にさせない。そのために、日頃から関係性の構築をして、最後の命綱を示しているといいと思うのです。

自分の子どもが本当に参ってしまっているときはどんな感じになるのか、日頃から観察して把握しておきましょう。肉体的に参っているときはどんな感じか。また精神的にダメージを受けているときはどんな感じになるのか。

私は実際に、子どもの揉めごとに介入していったことが一度だけあります。生徒と親御さん全体が集まる会で、話の中心になっていた生徒さんに直接、全員の前で伝えるべきことを言いました。その子には私の言葉が伝わったと思います。このケースでは、そのお子さんに大人が直接言わないと解決にならないと判断し発言しました。

こういうトラブルは、今の時代だから起きていることではなく、昔から起きていたこと。親が入らないと止められない子どものトラブルは昔からありました。ただ昔は親同士も、地域的なつながりが強かったのです。昔は夜中に、クラスメイトとその親が家に訪問して話し合いがおこなわれることがよくありました。「息子の顔に大きなアザができていたから話を聞いたら、お宅のお子さんとケンカしたそうで、事情を聞いてもいいですか？」とか「お宅のお子さんにお借りした一〇〇〇円を返しに来ました。すみませんでした」とか。

最近はお子さんが「家から近い学校」に通っているとは限らないので、大ごとになりやすく、面倒なケースが増えているのかもしれませんね。

またそのあとに、違うケースの大きな揉めごとが息子に起きましたが、そのとき私は直接には口を出しませんでした。相談相手になって話は聞いていましたけれど。

そんな風に、親はケースバイケースで判断して行動していくしかありません。そして対処する際には、タイミングもかなり重要。伝えるべきタイミングのときに伝えておかないと、うまく解決にならないこともあります。子育てとは、本当に毎日が冒険です。悔いなく歩みたいです。

【14】長年のつきあいになる男友だちに、交際を申し込まれました。大切な親友だと思っていたので、裏切られたようでとてもショックを受けています。「異性とも親友になれる」と思っていたことは間違っていますか？
（三〇代）

こちらの女性は、男性の好意に気づいていなかったはずがないと思います。本当は好意に気づいていて、相手の気持ちを利用していたところは全くないと言い切れるのでしょうか。

「今日から私の親友になってくれますか？」「はい、いいですよ！」という風に、役職のようなものから友だち関係を構築していくことはできません。この男性に対して「親友」と名付けている時点で不純な感じがちょっとしてしまいます。「男の親友だから」という自分の欲求だけで、相手にいろいろ甘えていたところもあるのではないでしょうか。好意に甘えるという土台で人間関係を作って、それが破綻したときに相手を責めてしまうことは、してはいけないことだと思います。

「人間関係を自分の都合でしか作れない」という人を私は全否定はしません。でもその方針でやっていくのであれば、こういう破綻や不都合なことが起こりうるということをきちんと自覚しているべき。「裏切られたようなショック」を受けるのはルール違反な気がします。

もし本当に、大切に思っている異性の親友から告白をされたら「申し訳ないけど恋愛関係になれません」ということを温かい気持ちで説明するだけでいいのではないでしょうか。

同じことを繰り返していたら、当然同じような結果が続いてしまいます。こういったショックをこれ以上受けたくない、本当の人間関係を作っていきたいのであれば、まず便利さを相手に求める姿勢がなかったかどうかふりかえってみましょう。私の推測ですが、ショックを受けたというよりも、面倒なことになっちゃったなという感じなのではないでしょうか。

同性の友だちでも、同じように便利使いパターンってあります。「私、友だちも少ないし、相談できる人もいない。これからずっと、こうして定期的に私の悩みを聞いてもらえますか?」みたいなことを私もしょっちゅう言われます。「ためらいもなくそんなお願いをしているけど、私の時間がなくなるということを考えていますか? 私の忙しさを知っていますか? それを考えようと思わない人を、私は友だちとは思えません」と心の中で思いながらお断りします。「親友=私にとって便利な人」と定義しているから生まれるズレですね。

「異性とも親友になれますか？」という問いに対してですが、私はなれると思います。しかし、よほどお互いがきちんと線を引いていないとかなりむつかしいでしょう。「男女の成り立ちが全然違う」ということをまずわかっていないと友情は結ばれません。「男性の成り立ち」をわかっていないと、トラブルは起きやすいです。胸の谷間を見せる服を着て会ったり、何回も足を組みかえたり、ベロベロに酔っぱらっている姿を見せつけたりしてたら、男友だちだって違う目で見はじめるのが当然ですよ。別に好きじゃなくてもムラッとくるでしょう。

男性がどんなことを普段考えて生きているとか、どういうことで傷つきやすいとかを理解することが女性はなかなかできない。友だちだと思って普通に接していたら、気づかないうちに男の人を傷つけていることは、たくさんあると思います。

私にも男の親友がいますが、一切幻想を見ません。もし彼が私に向かって「お前のことが好きだ！」と急に言ってきたら、きちんと説明します。「あなたは今、こういうゆきづまった状況だから変な気持ちになっているんでしょ？　私に矛先を向けないでちょうだい」とか。大切な親友だと思っていたら、説明できます。

どんな人間関係でも、相手を観察することは大事なこと。相手から好意を感じているけれど、その好意はどの種類に属するものなのか。それを正確に感じるアンテナが働いていたら男女間の友情は成立しますが、異性には幻想を持ちやすいのでなかなかむつかしいのです。

同性の友情と全く同じ形態で異性の友情が成り立つことはないと思うんです。遠くにドライブに出かけたらたいていは男性が長距離運転をして女性が助手席に座るだろうし、レストランに行ったら男性が女性を奥の席に座らせるだろうし、店員さんやほかのお客さんは基本二人を「カップル」と認識するでしょう。

以前、よく利用している駐車場の守衛さんが、運転手バイトのお兄さんのことを私の夫だと思い込んでいました。ある日、本当の夫と子どもを連れて、その駐車場を利用したらおじさんが私だけを呼び出して「本当はどっちの人と結婚しているの？」と小声で聞いてきました（笑）。ほっといて！　と思いながらも「いつもの方は運転手さんで、今日の人が夫です」と説明しましたよ（笑）。

こんな風に、自分たちは「カップルではない」という気持ちで街を歩いていても周囲は「カップルだな」と判断しますから、同性の友だちとは違う意識になるのは当然。周りの見る目が違うということだけでもとても大きな差です。

若い頃の私は、男友だちが口説きはじめる一八秒くらい前に察して「帰ります！」と言って恋人に迎えに来てもらったり、隣で急に指の毛を抜いたりして防戦してきました（笑）。手の指の毛を抜くのはとても有効で、相手の気持ちを一気に萎えさせますよ（笑）。

この男性のことを心から「親友」と思っていたかどうか、もう一度見つめ直してください。本当の意味で他人に興味が持てないままですと、結婚しても「結婚したけどいつも物足りない」という感じになってしまう気がします。

【15】五年前にケンカ別れした親友が、自殺でこの世を去りました。いつも一緒に遊んでいた、思い出もたくさんある友人です。意地を張って仲直りしなかったこと、人生の辛い場面で支えになれなかったことを、心から悔いています。罪悪感で苦しむ日々を、どのように乗り越えていけばいいでしょうか？　（四〇代）

私は、乗り越えないで、罪悪感を持ったまま生きていくことを受け入れるのがいいと思います。とても辛く、残念なことですけど、それが友情の証《あかし》ではないでしょうか。あと、支えになれなかった自分を責めるだけではなく、自殺という行為が周囲にどれだけのダメージを与えるのかを考えてくれなかった相手にも問題があった、そう素直に思えるといいですね。

二人のケンカの内容が詳しくわからないので言及しづらいですが、その友だちがあなたに対して腹いせのように自殺したのなら、そんなことをする人が本当に自分に対して愛情を持っていた人だったのかと思い返すと、あなたの気持ちに変化が出てくるかもしれません。これからもそういう人と友情を築いていきたかったのか、そこも含めて。もし腹いせでなかったのなら、できることはなかったか、考えたり反省するしかないのです。

たとえ罪悪感に苦しんでいても、これからの人生で楽しいと思える一日だってきっとあります。自分は今生きていてよかったと思える日もあります。無理に乗り越えずに、抱えながら生きていくしかない。

私にも、自殺でこの世を去った知人、友人が何人かいます。

ある女性の知り合いが「泊めてください」と、私の家に急に訪れてきたときがありました。彼女は、そうやっていろいろな家に泊まり、トラブルを起こしていました。そのときの私は「自分の都合だけで泊まりたいと言ってない？　私には私の過ごしたい時間の形があって、仕事も抱えています。もちろんあなたのことは心配に思っているし、元気でいてほしいと願っていますけど、私はあなたの家族ではないし、そもそもそこまで親しくない。私の時間を奪う権利はない。あなたにはお家があるのだからちゃんと帰ったほうがいいよ」とハッキリ伝えて断りました。それから一ヶ月後、彼女は自殺でこの世を去りましたが、私はあのとき誠実に向き合い、断ってよかったと心から思っています。

私が断る前も、彼女はいろんな知人の家に同じようにお願いをしていました。学生時代だったらともかく、彼女本人も三〇代で、お願いされた人たちも家族や仕事を抱える忙しい人たち。しかも彼女は、カップルで暮らしている家に転がり込んで、カップルの関係を壊すということを繰り返している人でした。彼氏を誘惑して壊す訳ではなく、あまりに長期間滞在するので二人とも「いつまでいるんだ」と、ストレスが溜まってしまい、仲が悪くなっていく。そして最後は追い出されるということを何度もしていました。

あのとき断った私のことを、彼女が恨んでいることも知っていました。「みんなが私を追いつめた」と断った全員のことを呪いながら彼女は自殺を選んだのだと思うのですが、私はやっぱりあのとき、きちんと断ることができてよかったと心から思います。

でもこれは、相手と自分の勝ち負けを決めるみたいな話ではありません。私もほかの周りの人たちも、みんな彼女のことをとても心配したし悩んだのも事実です。のべつまくなしにかかってくる電話に対応したり、優しい言葉をかけたり。

そんなふうに、言いたいことを言ってしまって相手が亡くなってしまったとしても、ハッキリと伝えたほうがいいことってあると思います。「相手が求めているものを差し出せない」とわかっていたら、どうしても伝えなくてはいけません。

先ほどの私のケースですと「私を泊めて長期間一緒に暮らしてほしい」ということを求められていたので「申し訳ないけど無理です」と言うしかない。こういう場面で無理なものは無理と断るのは大事なこと。私はこの方に対して、自分なりに精一杯接した。誠実に表現したし、生きていてほしいという願いも切実に伝えた。自分ができることは全部したので、罪悪感は持っていません。

また、違う友人ですが、家出してきた～と明け方くらいに泣きながら私を訪問してきた中学の同級生がいました。「なんだよ、こんなはやい時間に来て！」と思いつつも全然嫌じゃなかったので「そのソファで寝てて」とすんなり家に泊めました。差し出せるものは相手との関係によってそういうふうに常に変わるものなので、いつも自分の正直な気持ちに従っていけば悔いは残らないと思います。

自分の家にその人をあげてもいいか、嫌と思うかは生理的なもの。理屈じゃなく生理的な反応に忠実でいてください。もし何かの行き違いをしたままで相手が亡くなってしまったのであっても、それは自分の間違いではないと思います。

自殺をすることによって周囲に与えるダメージを考慮できないくらい、病んでしまっているご本人も大変辛いでしょうが、二人の友情関係はそもそも通常じゃなくなっていたのです。きっとそのけんかだけではなく、たくさんのきっかけがあって自殺を選んだのだと思います。罪悪感が消えないのであれば、無理に消そうとしなくていい。「罪悪感を持ちながらも生きていこう」「次にああいうことがあったらこういうふうにしよう」と心に決めたとき、内側からまた何かが変わってくるかもしれません。

【16】三〇代後半の女友だちから「今、不倫交際をしている」と打ち明けられました。彼女はその方といつか結婚したいと思っているようですが、不倫から結婚というのはなかなかむつかしそうですし、もし奥さんに知れて裁判沙汰になったらと思うと、彼女の恋を制止したくなります。このようなとき、ばななさんは、どのようなことを友だちにおっしゃいますか？　（三〇代女性）

恋愛はほかの人には止められないもの。私はそもそも結婚という制度自体をあまり信用していません。

だから「不倫なんてよしなさい」とは言いませんが、まず自分の状況をわきまえてよく分析してほしいのです。ほとんどの不倫をしている女性は「彼と愛し合っているのに、周りがみんな邪魔している」と言うのですが、それに関しては「違うんじゃない？」と思います。

人としてあたりまえだと思うけれど、皆さんやはりクリスマスからお正月にかけてジメジメしはじめます。海外旅行したり気を紛らわす工夫をして、ちょっとでも流れを自分のほうに集中できる人だと不倫も長持ちしそうです。でも人として当然の気持ちですが、年末年始を後ろ向きに過ごして、次に会うときにケンカをして雰囲気が悪くなっている人がとても多い。年末年始の寂しさを彼にぶつけたって何にもならないことは冷静に考えたらわかることなのですが、人間だから弱いところがあるに決まっていて、ほとんどの女性はそんな風になっていっちゃうんですよ。

不倫は普通の恋愛と違って大変です。楽しくないことも多いし、例えば自分が三〇代後半だったら子どもがほしいと思ってもその人とはむつかしいじゃないですか。「人生全体を見て考えてみたら？」と一応アドバイスします。

不倫は、セックスが中心となるおつきあいです。日常のお世話をすることがメインではないのでセックスにすべて集約されていきます。

私自身が家族のために家事をしているから思うことかもしれませんが、その男性の着ている服や靴下やパンツは全部奥さんが洗って、たたんで、アイロンをかけたりという労力がかかっている。実家で親と奥さんと同居している彼氏だったら、お母さんの労力も。それらの労力がかかっている男性と自分は会っていることを常に念頭に置いてつきあってほしい、と友人に対して言います。そして、「そのつきあいで本当にいいの？」と。

それを伝えると熱い時期なら大抵の場合、「彼の家事全般もいつか自分がやってあげたい」という答えが返ってくると思うんですが、どんなに素晴らしい二人であっても肉体的なつながりは、必ず飽きるもの。集中すれば三ヶ月。その次は一年、そして三年と、誰を見ていても不倫には必ず節目が来ています。

その節目に、それこそ生活を共にしたいというような別のものが二人の間に育っていたら継続できますが、育っていないと恋愛は続きません。彼女がごねて別れたり、男性が家庭に帰っていくなり、二人によほどのバランス感覚がないと、どちらかになると思うんですよ。露骨な言い方をすると、恋の力で盛っている状態で見えるものは全部幻想だから、その状態が終わったときにその人自身を見て、まだ二人の間に何かが残っているならつきあい続けてもいいと思います。

私もいろんなカップルを見てきましたが、大抵の人が同じようなところで不倫を挫折していきます。不倫の魅力は、それほど長くは続きません。不倫として恋愛がスタートして、セックスに飽きて、ご飯を食べに行っても盛り上がらないから徐々に会う頻度が減っていき、やっぱり男は家庭に戻っていく。この定型の壁はとても厚く、簡単に崩せるものではありません。「小学校、中学校、高校、大学を卒業して企業に就職」と同じくらいかちっと決まった定型コースなのです。

でも稀《まれ》にこの定型コースをズラす人、外す人、突破する人たちもいて、その方々はそれなりの特別なものを持っています。その人自身にすごく魅力があったり、普通とは違う発想を持った人だったり。もし、そこまで自分が行けるのであれば、一般的ではない結果になっていくでしょう。それが実行できるのであれば、どんな不倫であれ結婚にいたると思います。結婚している彼と彼の奥さんだって、はじめは他人だった訳ですし。

私の知り合いで一〇年間不倫を続けて、奥さんにも知られず、相手の方と結婚をしたという実業家カップルがいます。やはり彼女は並大抵の人ではありませんでした。とても勉強家で賢く、意志も強い。自分の仕事を愛していて、そして彼のことも心から愛していて、時間をかけて結婚できたケース。彼女の芯の強さをどこで感じたかというと、「彼の最期を自分が看取りたい」と口にしていましたし、本当に現在高齢になった彼を看病しているところです。

定型コースを外すには、このくらいの覚悟と労力もいる。その人自身が一〇〇%自分を発揮して生きている。私はいくつかそうしたレアケースも知っているので、「不倫はダメだよ」と頭ごなしには言いません。

二〇一六年に騒がれていた芸能界の不倫は、まだ結婚の意味が何かわかっていない人たちの不倫だったので、あまり咎《とが》めるというレベルにも達していないような不倫だったなと思いながら拝見していました。

彼の服を洗濯したり、食事を作って健康を支えたりしているのは全部奥さんです。そのことをきちんとわかっていたら、「はやく別れて」みたいなことは言えないはず。奥さんより自分のほうが優位な立場であるという態度は取れないと思います。それは子どもが「お母さんが洗濯するのは当たり前だ」と思っていることと同じ感覚で、人の奥さんに対して甘えているということ。大人が人を本当に好きになって揉めごとを起こしているという印象は受けませんでした。

恋愛がはじまったばかりの時期は、たとえ親友でも止められるものじゃない。本人たちが責任を取ることだし、不倫を世間が叱るというのは余計なお世話だと思います。でも今の時代、親がきちんと「あんた、恋愛するのはいいけど、相手の奥さんが洗濯とかしているのよ。彼のお金で食材を買って料理を作っているのよ」「人のものをとると、いつか自分に返ってくるよ」とかそういうあたりまえのことを教えないから、世間が叱るしかないのかもしれませんね。

不倫をしている男性のほとんどは「自分は離婚はしない」と決めている人が多いけれども、稀に本当に好きになっちゃって、こつこつ離婚の準備を積み上げている人もいます。別居期間が五年以上あると裁判所が「夫婦関係は破綻している」と判断して、離婚が認められやすくなることもあるので、それも踏まえて別々に暮らしはじめた男性も知っています。男性がそこまでの行動を起こす場合、相手の女性がものすごく特殊で魅力的な人。そして、お互いが本気で好き同士になっているのがはたから見ていてもわかる。肉体的な結びつきではなく、人格や価値観、人生の目標が一緒で結ばれている二人です。「こういう不倫もあるんだ」と、私も見ていて感心するぐらい。

恋愛ってお互いが好き同士だということを確認し合ってしまったら絶対に誰にも止められません。でも、次の場面に行かなかった二人というのも知っています。知り合いの夫婦の話なのですが、旦那さんに好きな人ができてしまって、奥さんに「彼女と一緒になりたいから別れたい」と告げたんですね。奥さんはもちろんショックを受けて家の雰囲気は最悪。でも新しい彼女は資格取得の勉強で忙しい人で「受験が終わったら、結婚を考えてもいい」と言って保留にしていました。私もここまでお互いが好き同士なら結婚になるケースかなと見守っていたら、彼が雰囲気の悪い家にいる時間が耐えられなく

「ちょっとでもいいから会ってくれ」とか「本当に受験が終わったら結婚してくれるの?」とかしつこく過ぎて、彼女に「うざい! 勉強の邪魔!」と、フラれて、男性はそのまま家庭に戻ったという(笑)。「なんて新しいケースだ!」と、さすがの私もビックリ。たしかにお互い好き同士だったんですが、これはこれで定型コースを外れたレアケース。人それぞれ、何が起こるかわかりません。

私は不倫というと思い浮かぶ小説があります。丹羽文雄先生の長編小説『山肌』です。会社の専務をしている男性と、保険外交員をしている女性の不倫を描いた作品で、肉欲にも溺れず、ただ淡々と二〇年以上続いている不倫のお話。とくにライバルも現れないし、淡々とし過ぎてドラマチックな面白みはないのですが、その男女がとても上品で、静かにお互いを思いやっている。この小説みたいな不倫だったら長続きすると思いますが、大抵がこんな風にはなれないんでしょうね……。

私の周りで、最終的に結婚したり、籍は入れなくても最後まで添いとげた不倫は、みんななんとなく『山肌』っぽく、お互いのこともそれぞれの人生の時間も大事にしているカップルでした。不倫にはいろんなことを乱暴にしていない、雑にしていない、大人の品性が必須なのかもしれません。

【17】数年前に定年退職をしました。私は仕事人間で、仕事以外の場所で友人を作ったりしてきませんでした。地域デビューをはたそうと、特養老人ホームで配膳のボランティアをはじめたのです。ほかにも様々な形でボランティアに参加していますが、その人たちとの会話も、なぜか活発とはいきません。期待が外れてしまい、頭をかかえこんでいます。老年期の友人の作り方について、思いうかばれることがあれば、ご教示お願いします。

（六〇代男性）

会社員は商店の人とは違って家から離れた場所で働いてきたので、地域とのつながりができていないのは当然ですし、何でも急には変えられませんよね。この相談者の場合、まだ友だち作りの活動期間が短いし、退職されてからも時間が経っていない。ボランティアをはじめてからもまだ日が浅い。四〇年間会社で積み上げてきたものを、急に別の場所で同じ深みを持って作ることは無理ですよね。

「この老人ホームの空気を変えよう！」くらいの意気込みがあるのであれば、また展開が違ってくると思うのですが、友だちを作りたいという動機で通うにはお仕事が大変過ぎる場所です。ボランティア活動をされるのはとても素晴らしいことですからご自身に合ったペースで続けられたらいいと思います。本人が元々したかった活動であれば、時間はかかりますが、ボランティア先で友人ができる確率は高い。同じところに通い続けていれば、たとえ友だちができなくても知り合いはできます。道で会ったら挨拶するくらいの関係にはなると思うんですよ。まずはそのくらいの発展でいいのではないでしょうか。

私が以前住んでいた町には、しょっちゅう道に迷っている認知症のおじいさんやおばあさんたちが三人ほどいて、何度も家に送り届けました。「ここはどこですか？」と道で話しかけられて、よく見たら杖に名前と住所が書いてある。お家まで送り届けたら、そのご家族と顔見知りになり、違う日に道で会えば「この間はどうも」とお礼を言われる。こうして地域の人とつながっていくんだと思いました。こういう小さなきっかけでも、つぎに会うときには挨拶する関係になっている訳です。まして地域でボランティア活動をされていたら、もっとたくさんの人と道で挨拶ができているはず。その積み重ねで自然に親しくなっていきますよね。

私が仲良くしている九〇歳のおばあちゃんが、週に何回かデイケアに通うようになったら、その場所の雰囲気が急にすごく明るくなって地域で評判になっています。近所の人はみんなそこに入りたいと言うくらい。

その場所で最年長のおばあちゃんは、とにかくジメジメした空気をカラッと明るくしちゃう。例えば、ある八〇歳のおばあちゃんが「昔は姑《しゅうとめ》にこんな意地悪されたのよね……」と愚痴っぽいことを言ったりすると、「あんた、いつまでそんな昔のこと言ってんの!」と、人生を賭けたギャグで暗い話を吹き飛ばしちゃうような(笑)。以前はその場所も「嫁が勝手にここに預けることに決めて本当に嫌だわ……」と愚痴っぽいことを言い合う場所だったそうです。このように、自分の決心次第で周囲の雰囲気まで変えちゃうというケースもあります。

具体的なアドバイスをするなら、ボランティア活動をしながら、例えばですが近所のスポーツクラブに通いはじめてみてはいかがでしょうか。スポーツクラブでは本気で共にスポーツを楽しんでいるご年配の方をよく見かけます。はじめから「仲良くなろうよ!」という感じで親しくなったのではなく、体を動かしているうちに世間話をはじめたり、帰りにお茶するようになったり。最終的にどちらかが入院したら毎日お見舞いに通う仲になっている人もいます。

通う時間帯がよくかぶるとか、受講しているクラスが一緒だとか、自然なきっかけで知り合える場所として最適の場所かも。入会してすぐに友だちができる訳ではありませんが、「このマシンの使い方を教えてもらえませんか?」と、話しかけたりするうちに自然に知り合っていくでしょう?

私が通っていたスポーツクラブでは、太極拳の先生が中国の方で、日本語がなかなか上達しないんだとクラスで話していたら、生徒さんたちが「じゃあ、みんなでご飯でも食べながら先生と日本語喋りましょう」と食事会をセッティングしていました。

あとスポーツクラブにはサウナやジャグジーもあるので、そこで世間話がはじまることもありますね。なかには「あれ? プール一往復しか歩いてないよ!(笑)」みたいな、ジャグジーだけ大好きなおじいちゃんもたくさんいらっしゃいますし。そこで過ごしていくうちに自然に顔を覚えて、自分も覚えられていくでしょう。

運動している姿にはその人の性格がよく出ます。気が合いそうかも判断しやすい。週に一度会うか会わないかくらいで、プライベートは詳しく知らないみたいな関係だと逆にあれこれ考えずに、面白い友だちができるかもしれません。

私の父は、高校時代の友人を最後までずっと大事にしていました。新しい友だちを作るのももちろんいいですが、昔の友人に連絡をしてみるというのもいいと思います。一つの場所だけで友だち作りを頑張っているというのも行き詰まってしまっている理由かもしれません。

定年退職したばかりですと「まだ社会に参加していたい」という気持ちがおありかも。その気持ちを持って昔の友だちに会いに行ったら、バイトを頼まれたりすることもなくはない。せっかく時間ができたわけなので、場所に固執しないとか好奇心をなくさないことがポイントです。

かといって、場所を増やさなくてはと、興味もないことに参加しないのも大切なことです。興味がない場所に行っても、みんなと気が合わないですからそこで友だちはできません。もし将棋が好きだったら、将棋から入っていけばいい。趣味や興味が似ていることで人は引き合っていく。残りの人生全部をかけるのなら、まずはどこでどんなことをしたいのかを見つめてからがよいのかもしれないですね。

【18】私は元々友だちといることをあまり楽しいと思ったことがありません。中学生になった今でもクラスメイトとの会話が楽しいと思えません。私は本や漫画の世界に入っている時間が幸せです。架空の人たちのほうが、自分にとって大切な友だちのように感じます。でも、このままずっとリアルの友だちができなかったら……と、不安になるときもあります。

（一〇代女性・中学生）

学校のクラスメイトというのは、そもそも自分が選んだ集団ではありませんよね。たとえ仲のいい友だちがいなくても、今は家族と一緒に住んでいると思うので、誰とも会話していない訳じゃないから、そんなに深刻に考えなくて大丈夫だと思います。

学校は勉強以外に友だちを作ることを学ぶためだけの場所ではなく、「赤の他人とどうやったら上手くつきあっていけるか」を学ぶところ。友だちができたらラッキーだね、気が合う人がいなかったらツイてなかったね、そのくらいでいいと思います。クラスで無理に友だちを作るより、本や漫画の登場人物たちを共有できる人たちと学校以外のところで自然につながっていけたらいいですね。思いつめていた気持ちがゆるんで、やがて学校でも友だちができるようになるかもしれません。

私も幼少期から、本や漫画に救われてきた人間です。「架空の人物たちのほうがリアル」と思っているような、そんな友だちしかいませんでした。私の初恋は『オバケのQ太郎』のドロンパという超架空の相手（笑）。そもそも人類でさえない！　そして何かエッセイでも書いていますが、小学校時代の親友のひとりは、夕方放送のアニメをとにかく観たいから、担任の先生に「明日二倍掃除しますから、今日は掃除当番を休ませてください」と直談判して怒られていたくらい極端な人。それくらい架空の世界を大事にしている気持ちがわかり合えたから、すぐに友だちになれたのでしょう。

ちなみに私は親友に「なんで先生にいちいち言うんだよ、黙って帰ればいいじゃん」とアドバイスしたら、やがて黙って帰りはじめました。そして、また翌日先生にめちゃくちゃ咎《とが》められるっていう（笑）。

最近『アドベンチャー・タイム』というアニメを観過ぎている私は、「ジェイクが現実世界にいたらな～」と、一日の四割くらいはそのアニメのことを考えて現実から逃げています（笑）。

大人でさえこのくらいオタクであっても大丈夫なんですから、とくに思春期なんて小説や漫画のほうが大事でもかまわないと思います。想像力を育てる時期でもあるから。

私も中学時代、ツイていないクラス割りになったとき、結局一年間はクラスに友だちができませんでした。周りの女子たちがみんな休み時間はヘアアイロンで髪を巻いているような状況で、とにかく話が合わなくて。放課後にもとても優しくお家に誘ってもらうのですが、全員ずっとお化粧したり髪の毛巻いているからつまらない（笑）。ここまで噛み合わない世界があるんだ、とビックリしました。

基本的に中学生は、まだ社会とつながっていなくて、地域レベルでつながっている年代ですよね。すごく狭い世界なのだから、気が合う人がいない状況になるのはむしろ当然のこと。今の時代は、インターネットもあるし、同じ趣味の人とネット上で会話を楽しむことができる。ネット上で仲良くなっていくことには、もちろん慎重にしなくちゃいけない部分もありますが、この悩みはそれほど悲観するものじゃありません。いい面が多いと思います。

私は創作する側の人間なので、アニメでも漫画でも小説作品でも「これは大人が作っているんだよな」という点に感動します。架空の世界よりも、架空の世界を創作した人のことを好きになります。例えばあの素晴らしい映画『トイ・ストーリー』も大人たちが大真面目に作っているアニメですよね。その大人たちが何を考えて素晴らしい架空の世界を生み出したのか、私はそっちが気になるタイプ。もちろん物語自体にも癒されますが、架空の人物たちというより、むしろ作家の人たちの存在に慰められる。

本や漫画が好きだったら、それに没頭すればいい。ゲームが好きな人たちは、ゲームが友だち。ＲＰＧの主人公や仲間たちに感情移入したり、ゲームクリエイターに対して「よくぞ作ってくれた」と心から尊敬していたり、オンラインゲームで会う人たちと一緒にプレイすることが癒しになったり。今はいろいろな選択肢がある時代です。自然な流れで、気が合う人たちと知り合っていけます。

これから自分の好きなものを共有できる人と、知り合っていけたらいいですね。同じ架空の人たちを同じように好きな人だったらすぐに仲良くなれるので、そう思って心配せず過ごしていてください。

【19】大学時代からつきあいが続いている仲のいい女友だちがいます。私たちは大人になってからも仕事の相談や愚痴を聞き合う関係でした。彼女は結婚をして子どももいますが、私は三〇代後半の独身で恋人もいません。彼女は仕事だけでなく子育てもあるので、最近は自然と会う頻度が減少していきました。先日久々に会いましたが、あまり話が弾まず距離を感じました。私は置いてけぼりにされた気持ちになり、もう以前のような関係には戻れないような気がしています。（三〇代女性）

時は流れているし昔には戻れない。それはしょうがないことです。

まずこの質問から感じるのは、相談者が友だちのことよりも自分のことばかりを考えていることです。それなら友情が続くのは無理ですよね。「仕事もこなしながら子育てもしているなんて大変だよね」と思うのが本当に愛する人に対して思うことであって、寂しい自分をどうしてくれるんだ、という話をされたら相手のほうは困ってしまう。

私が、「親友」とか「仲間」というくくりとはまた別に、地元の女友だちってこういうことだよなと思った象徴的な漫画があります。山本さほさんの『岡崎に捧ぐ』という漫画です。

作者の山本さんが小学生から大人になるまでつきあいが続いている、岡崎さんという女友だちとの思い出やおかしなできごとを描いていて、二人とも本当にしょうがない、愛すべきダメダメな人たちで笑えるのですが、お互いを思っているし、そのまま受け入れているところがすごい。雑だけどとっても大事にしていて、そこに掛け値のない友情がある。

久しぶりに会って、お互い探り合いながら会話をするような関係ではありません。もっとざっくりしたものでいい。

だからこの方は、片方のライフステージが変わったから友情も冷めてしまったのではなく、相手のことをそれほど好きじゃなかったのではないでしょうか。もしも本当に好きな友だちだったら「大変だね、子育てと仕事を両立してやっているなんて、それは忙しくて時間がないよね。でも昔みたいに会えないのはちょっと寂しいな。子育てが落ち着いてきたらまた会ったりしようね」と言いませんか？　私も子どもが生まれて仕事もこなしていた時期は、もちろん人と会う時間がなくて、友だちが減りましたよ。

これは私にとっての友情観であって、皆さんにとってはまた違ってくるのでしょうが、「友だちの部屋にあがって、ごろんと寝転んだり、何か飲み物ちょうだいと言えるような関係」じゃないと友情とは呼べないと思っています。お邪魔しますと言って、お家にあがってちょこんと椅子に座っている関係は、下町育ちの私にとっては友だちではなく知り合いです。

相手の部屋でごろんと寝転がれる友だちというのは、一生のうちでたくさん作れる存在ではありません。そこまでの関係を作るには時間もかかりますし、大前提としてお互いのことが大好きじゃないといけない。

私は表面的な友だちというものを必ずしも必要としてないことが多いです。高校時代のクラスメイトや大学時代の同級生と、社会人になってからたまたま旅行に参加したときに、「今私は一体何しているんだろう？　この時間って何？」と疑問が湧いたくらいです。そんなに親しくない人たちと旅行に行くのがどういうことかよくわかった。仕事の取材旅行のほうが、目的が一緒で通じ合うし、まだ親しさが芽生える。待ち合わせる、会う、お店に入る、近況報告をし合う、そんなに深い話にはならないで終電の前には帰る。「なに、この形式的な友だち？　意味がわからない！」と叫びたくなってしまうんです。

『岡崎に捧ぐ』の山本さほさんが、高校に入学したらまさにこういうなじめない感じになって苦しむ回があります。それがおかしくておかしくて、「わかるわ～」と共感しまくりました。「○○ちゃんって本当に可愛い」「そんなことない、××ちゃんのほうが可愛いって」「絶対○○ちゃんのほうが可愛いから芸能人になれるよ～」と、延々と褒め合うループに付いていけなくて、他校に通っている岡崎さんの家でゲームしまくって癒される姿に自分を見たようでした。山本さほさんと、私の友情観はとても似ている気がします。

私みたいに「下町虎の穴」で育った者には、高校の人間関係が生ぬるく感じられてしまう。「家出してきちゃったよ～」と突然泣きながら来られて、「え～、面倒くさいな。マックで寝てなよ」って言っちゃうようなきびしい世界が下町です。

外で寝られても困るから仕方なく家にあげるけど「絶対に一言も喋らないで寝てよ！」と言えるから表面的な会話に一切ならない。「あなたのお父さんとお母さんが心配しているんじゃないかしら？ ご両親の許可なく勝手にあげられないから、ごめんなさいね」みたいな会話ができないのです。

「実は、父親と血がつながっていなかったみたいなんだよー」と号泣しているクラスメイトがいても、「ふざけんなよ、お前父ちゃんと顔が瓜二つじゃねえか！」と全員でゲラゲラ笑っちゃうような環境でした。本人は泣いているのに、本当にひどい人たち（笑）。

きっとお母さんがお父さんとケンカして、「あなたはお父さんの子どもじゃない」とか適当な嘘を子どもに言ったんでしょうね。周りもそれをよくわかってる。
もちろん自分も同じようなことをされてきて鍛えられてしまったから、表面的な優しさなんていらなくなる。ひどいことを言っているけど、深いところでは大事に思ってくれていることも、子ども時代から経験しておかないとわからないことですから。

ただ、寝っ転がったり、飲み物ちょうだいとは言えても、勝手に友だちの家の冷蔵庫を開けたりはしません。そういう絶妙なさじ加減も友情を続けるには大切な要素。ある程度の品を保ちながら寝転がるというか。この勘所が違う人とはやっぱり友だちにはなれない（そういえば私が小さい頃、家の鍵をかけないのが常識だった時代、人の家の冷蔵庫を勝手に開けて食べたり飲んだりしちゃう男子を今思い出しましたが、あれってよく考えたら立派な泥棒！）。

例えば私がパーティーや授賞式、晩餐会などに出席したとき、隣の席になった方たちともちろん超表面的な会話をしますが、それは仕事だから全く嫌だとは思わない。でもプライベートではなるべくしないと決めている。これは私の価値観であって、「表面的な会話だからこそ人と楽しく会える。それ以上の人間関係は望んでいない」というタイプの人たちもいます。そういうタイプがいてももちろんいいのですが、私はそういう方たちと接していると、いつまで経っても親しくなれないし、意外性がなくてつまらないなと感じてしまうのです。

自分が赤ちゃんのとき、小学生のとき、高校生のとき、社会人になったとき、親との接し方や距離感だって年齢とともに変化していきますよね。でも、親子の間にはずっと愛情があることは変わらない。それと同じように、友だちのライフステージが変化しても二人の間に愛情がないと関係は継続できない。関係のコアになるものは「愛」です。それがない状況でほしい、ほしいと言っていても、何も育たないと思うんです。「愛」を自分の中に見つけてみてください。

【20】職場の女友だちグループに所属しています。好きで所属したという訳ではなく、職場で浮かないために仕方なく一緒にいるという感じです。お昼を一緒に食べたり、誘われたら仕事帰りに飲みにも行きます。最近はグループ内で同僚の悪口を言うことが頻繁になってきて、その会話に気分が悪くなる私は、グループを離脱するか、ほどよく離れたいと思っているのですが、一回所属してしまったのでなかなか距離を作ることが厳しいです。こういう際、グループからの離れ方でいい方法はありますか？　（三〇代女性）

以前の質問でも申し上げましたが、会社は友だちを作る場所ではありませんよね。まずそのことを一番はじめに言いたいと思うのです。

それともう一つ思うことは、あなたがいることで、逆にグループの人たちがどんなに浮かない気持ちになっているかも考えるべきです。「あの人いつも楽しそうじゃないし、私たちのことをバカにした目で見ていて気分が悪いわ」と思われているかもしれませんよ。お互い様という可能性を少し見つめてみてください。

グループ側も、義理であなたを誘っているかもしれません。浮かない顔で飲み会に参加されるより、「今日は用事があるから帰るね！」と、明るく断られたほうがいいかもしれない。どんなに嫌だな、気に入らないなと思う人たちであっても、相手の身になって考える視点を持つこと。大抵この視点を持っていないから人ってつい愚痴っぽくなっちゃうのです。

たとえグループの人たちが、あなたのことをとても気に入っていて誘っていたとしても、内心つまらないなと思って参加することはとても失礼な行為。相手もあなたと同じ人間なのですから。離脱したければ、気持ちよく断る術《すべ》を身につける。こういう人づきあいを学ぶためにも学校や会社はあるのではないでしょうか。

私の幼馴染に、なんでもかんでも直球で発言しちゃう人がいます。「同僚の悪口を言うのはよくないと思います。失礼させていただきます！」と言って帰ってしまう。周囲は、「そんな言い方で去られたら場が凍るから勘弁してよ〜」と困り果てる。もはや嘘をつかないを超えて問題児。その直球さでいろんな人と揉めたり、職場で仲間はずれにされたりしています。私は見ていて、正直なのはすてきだけれど、その対人センスはどうかなと思ってしまうことがあるんです。相手を思いやりながら断ることも大人になったら必要です。

とはいえ、一度所属してしまうとなかなか離脱はむつかしい。私も、もう参加したくなくなってしまったグループがあり、あえて空気を読まない直球なふるまいをした経験があります。「もうこの人を一生誘いたくない」と思われるような、欠席理由を四〇行ぐらいの長いメールで説明したりして。

時間の無駄だなと思うことが多かった会だったし、「今日は帰るね」「うん、また今度」みたいなのが通用しない、さっくりしてないグループだったので逆に己を貫き通して嫌われる手段を取ってみました。そんなふうにしないともっと角が立つ、そういうときもあるので、ケースバイケースだとは思います。

また別のある会では、「三人以上でご飯を食べると話が散るから好きじゃない」という理由で断ったら、誘ってきたリーダー格の人が電話口で噴いてました（笑）。

それらのケースでは多少強引に自分自身を貫いた私ですが、相手の立場になって考えた結果の行動です。「みんなは楽しんでいる会に、つまらないと思っている自分がいるのは相手にもよくない。たまに行くくらいにしよう」と結論づけました。

あなたの会社の人たちも悪口で盛り上がって時間を無駄にしているので、どっちもどっちだと思いますが、文句を言うよりも、自分にも相手にも快適な第三の道をさがしましょう。

【21】ばななさんは以前、「人は見た目がすべて」とおっしゃっていましたが、ばななさんが友だちになりたい、信頼できるなと思う人はどんな見た目をされていますか？　共通点がありましたら教えてください。（四〇代）

見た目がすべてというか、人間の中身が、すべて見た目に出ている人を私は信頼します。

反対に私が怖いなと思う人は、見た目から内面が読みにくいタイプです。ごく一般的な服装をしているけれど、どういうことを考えているのか予想しづらい人が恐ろしい。どんな面においても当たり障りがない感じで、はっきりわからない雰囲気の人という感じというか。これは私にしかわからない表現や感覚かもしれませんが、「ぬるっ」としている感じの人が怖いんです。

よく見るパーツは、目です。目には、人の真の部分が出る気がします。

私が見た目で人を判断できる力がついたのは、とにかく膨大な数の人を見てきたからだと思います。二〇代から多くの人に会ってはいたけれど、まだその頃はただただデータを集めているような時期でしたので、判断能力は低かったかもしれないです。ただ、結局予想どおりになることは多かったです。

例えば「新しい彼女です」と恋人を紹介されると、「ああ、この二人は一年くらいで、こういうところで価値観のズレが出てきて、トラブルになって別れるんだろうな～」と、予想をすると、それがほとんどそのとおりになっちゃうことが多くなってきました。私は作家なので、いつも珍しいもの、考えを超えてくるものを見たいと思っているのですが、人相データが集まり過ぎた今、予想が当たり過ぎて占い師みたい（笑）になってしまった。

「途中でこの人、手の平を返すんだろうな～」という裏表のある人も、けっこう予想が当たるのですが、たまにまだ「こんなことをする人とは思わなかった」とビックリするときもあります。そういうときには、「まだこの世には知らない世界があるんだな」と新鮮に思うんです。人ってまだまだ奥深い！　と逆に感動してしまったりして、まだまだ学んでいます。

私とある友だちがよく一緒に行っていた居酒屋があるんですが、あるとき急にその友だちがその店を出入り禁止になったんです。私はその居酒屋に一人で行くことはなく、いつもその友だちと一緒に行っていました。お店の人たちも私の職業を把握していたし、常連のおじさんにたまにおごってもらったりするくらい、行きつけのお店でした。

先日私が、いつもの居酒屋に飲みに行こうか？　と誘ったら、「あの店出禁になっちゃって入れないの。理由がわからないんだけど」って言われて驚きました。

ある日、友だちがその居酒屋に早い時間に入って、お客さんは一人もいなくて、「一杯だけ飲んで行きたいんだけどいい？」ってお店の人に言ったら、「どうしても今日はダメなんです」と断られたそうです。これから団体さんが来るんだなと思って、「団体さんが来たらすぐ帰るから、一〇分だけ飲ませて」と言ったら、「いや、無理なんです」と頑なに断られてそれ以来、ずっと冷たいままなんですって。多分根も葉もないうわさとかそういうものが原因だと思うのですが……。

以来、道でばったり会っても、挨拶もしてくれないそうです。友だちは全くその理由が思い当たらない。酔って暴れて迷惑をかけた訳でもないし。最後に二人で飲みに行ったときも、お店の方たちは普段どおりに「また来てくださいね～」「はい、また来ます、お休みなさい～」と平和な会話をしながらお会計して帰ったのに。

この際一人で入店して聞いてみようかなと思うくらい気になっています。その友だちは出禁だけど、私も出禁なのか、それとも大丈夫なのかも不明です。人間って怖いなと思うできごとでした。その居酒屋の人たちは、チャキチャキした印象で、急に人を差別するような感じには全く見えなかったので、予想外だな、こんなことってあるんだなと思いました。

もう一つの事件があります。ある地方に住んでいる私の友人が、とても仲良くしていたグループから突然、「もうあなたとは会わないから」という手紙を添えてその人の家にあずけていた（つまり、そのくらい仲良かった）荷物を送り返されたそうです。金銭トラブルもない、本人は思い当たる節が全くない。残念だと嘆いていました。私は荷物を送り返したグループ、送り返された人、両方ともに会っていて、そんな感じで関係が終わるなんて全く予想していませんでした。本当に相性がぴったりにしか見えない人たちだったので、まだまだ私にもわからないことってあるんだから、引き続きこの世を観察しなくちゃ、というのが、今の私の結論です。

この二つの話は、私が直接被害を受けたものではありません。しかし、「こんなことも人生では起こりうるんだ」という間接的なデータ収集になっています。こういうデータの蓄積が、今後の危険回避の手助けになるのでしょう。「そういえば、目が怖かったな」など、思い当たる節があればあるほど役立つ。

人間を判断する能力って読書などではやはり得られない力で、現実社会でいろんな人と出会って、接して、ときに痛い目にも遭いながら鍛えていくしかありません。私が信頼している仲間は、もうわかりやすいとしか言いようがない人たちです。内面が姿に全部出てしまっている。そのほうが、楽でいいですね。探らないとよくわからない人とつきあいたくない。人生ってそんなに長くありませんから。

【22】学年があがり、クラス替えで新しい親友ができました。彼女はアクティブな性格で、ほかの中学校の人ともすぐに友だちになるような社交的でカリスマ性のあるキャラクターです。どちらかというとおとなしい性格の私は、彼女のちょっと破天荒で読めない行動にワクワクして、一緒にいると刺激的で、私の性格もかなり開放的になったような気がします。でも、私の母親は「あまりあの子とは遊ばないほうがいい」と言いました。親に友だちとのつきあいを止められたことはとてもショックです。（一〇代女性・中学生）

あなたがまだ中学生ということもあり、いろんなことをごっちゃにしている印象を受けます。親友がアクティブなことと、自分自身が開放的になったことと、自分の親とのコミュニケーションのことはすべて別の問題です。これらをごっちゃにしてしまっているので、問題が複雑になっている。

お母さんも、急な娘の変化を気に入らないと思っているのかもしれない。それは成長過程ですから、しょうがないですよね。その親友のどういうところが好きなのかを、親にきちんと伝えられる時間を作るのが大事です。思春期なので、そんな気にはなれないとは思いますけど。

親に止められようがなんであろうが、自分がとても会いたいと感じる人には会って、もし傷つくのであれば自分で傷ついていくしかない。もしかしたらあなたのお母さんがとてもいい方で、「絶対にこうなって、娘は傷ついていくパターンだ」と的確に感じて注意しているケースかもしれない。小さい頃からずっと娘のことを見てきた存在ですから、お母さんの読みが正しい可能性も高い。だからお母さんと「たとえ傷ついても、とりあえず今は彼女と仲良くいたいの」と話し合える関係だったら一番いいでしょう。

私の小学校から中学校時代の親友のことを、私の母はすごく嫌っていました。二年くらいかかりましたが、家に遊びに来ている彼女の誠実さを見ているうちに、母も次第に理解してくれました。

その親友のお父さんの仕事は、とても成功しているときもあれば、破産して夜逃げすることもあったり、また別の事業が上手くいって豪華なマンションに住みはじめたりと状況がいつも違う。母は、そこが心配になっていたみたいで、「鍵っ子だし、今まで遊んでいた友だちとはちょっと種類が違うんじゃないの?」と私に警告。私もショックは受けましたが、「そうは言っても、彼女自身はすごくしっかりしているよ」ときちんと説明しました。豪華なマンションから四畳半のアパートまで、どこにいようが変わらず暮らせる親友を私は偉大だと思い、尊敬していたのです。

私の父も、その子を尊敬していました。父と私と親友で行った旅行帰り、満員電車で文句も言わずじっと耐えて立っている姿を見て、「あの子はすごい子だ」と言っていたのを覚えています。母より父の意見を採用した訳ではありません。ただ自分のなかで「この友だちはたしかな人だ」と確信があったので、全く迷わずつきあいを続けることができました。

私も母親なので自分の子どもとその友だちに関して、「この友だちとはいずれ関係が壊れちゃうのでは？」と心配していたことがあります。うちの子といることで、その友だちがいずれ傷ついて去っていってしまうのではないかと予想していました。この相談とは逆のケースなのが悲しいですが（笑）。

そして予想どおり、息子と友だちは揉めました。いずれ揉めるとわかっていて、二人の距離がどんどん近くなっている姿を見るのはとても胸が痛みました。どうにもならないからこそ、見ていて辛かったのです。

私の息子は根が明るい性格。そのキャラクターが繊細な人をどれほど傷つけるのか、私は自分の体験で嫌というほど見てきました。こんなに暗い小説ばかり書いている私ですし、基本うつ寄りの気分が多いにもかかわらず、根は明るい性格なのです。

息子は私以上に明るい性格。友だちはとてもデリケートでささいなことも気になっちゃう子で、彼が気にしていることをうちの息子が「どうってことないんじゃない？」みたいに言っていたら、それだけで心がズタズタになってしまう。今は解決してひと安心です。むつかしい問題でしたが、このむつかしさが人生ですからしかたありません。

息子には「とにかく、その場しのぎの嘘だけはついちゃダメだよ」とだけ伝えていました。「もう二度と言いません」とか、そういう嘘をつかないように。根が明るい人間は、絶対また同じようなことを自然と言っちゃう。「できれば関係は続けたいけど、自分のこういうところはなかなか変わらないんだ」という言い方で相手に伝えていったほうがいいと。

あなたも、このアクティブな友だちを次第に嫌になってしまう可能性だってあります。今は魅かれているけれど、「この遊びにはついていけないな」と思うことが出てきたり、また大人しい友だちもできて状況が変わってくるかもしれない。中学時代って、全部が変わっていくとき。全部をごっちゃにして「一つの困った話」にしないように、まずは問題を整理してください。

【23】厳格な親のもとで育った友人がいます。その人は、ほかの兄弟といつも比較され「お前は何もできない本当にダメな奴だ」と何度も言われて育ってきたようです。私から見るとその人は外見も内面も本当に素敵な人だと思うのですが、親の言葉の呪縛が強く、いつも自己否定的で、たまに情緒不安定になることもあります。私は友人として、その人に自信を与えたいと思いますがそれは可能でしょうか？　（二〇代）

この場合は極端だと思いますが、誰でも多かれ少なかれ親からよくない影響を受けています。それに侵されていない部分はどこにあるのか、本人が把握できたら必ず現実は変わっていきます。

だから相談者は、日常のなかでその人が正しいセルフイメージを持つことができるように心の整理整頓をしてあげて、呪縛を解くお手伝いをするという姿勢でいること。「今日はしっかり君の話を聞くよ。一時間くらいセッションしよう！」という感じではなく、「君はたまにそういう行動に出るけれど、親に言われ過ぎてそうなっているだけで、本当はそうじゃないんじゃない？」みたいに、自然な会話で新しいその人を構築してあげるのです。自然に伝えられる努力をしたら、伝えたほうも成長すると思います。

それに、まだ二〇代なら若いから、例えば二人でアイスを食べたときに、「うちの親に、アイスは体に悪いからあまり食べるなって言われてきたんだよね」と言いはじめたとしたら、「もう二〇歳過ぎたら、親は関係なくて自分の責任で行動していいんだよ」みたいな発言をちょくちょく挟んであげると「そうか……」と言うかもしれない。でも、ほとんどの場合が「そうは言っても……」と反論してくるのが人間の「癖」というものです。

だから、大人になったら自由に選択できることを継続的に伝えていくんです。「今の生活に、その考えって必要あるかな?」とか。こういう、具体的に親の言葉にとらわれているなと感じる行動や発言をした瞬間に伝えていくと効果があります。とくに何もしていないときに、「君は親の影響を受け過ぎだよ」といきなり伝えても相手はピンとこない。本当にちょっとしたとき、その人の癖が垣間見えた瞬間に「もうそんなこだわり、はずしていいんじゃない?」と、自然に言ってあげられることは、カウンセラーではなく、身近な友だちだからこそできること。友だちに自信を与えたい、という大きなところからではなく、友だちだからこそできる自然な接し方で言葉をかけていってください。いろいろな方法があります。親に、「お前は性格も顔も地味だからモノトーンの服を選びなさい」と言われてきたことに縛られている友人だったら、一緒に服を買いに行って、明るい色の服をすすめてみる。試着した姿を見て「ほら、似合っているじゃん」と言ってあげる。誕生日に明るい色の服をプレゼントして、「私に今度会うときだけでいいから、その服を着てきてよ」と言ってみたりとか。

兄弟と比較されていることにこだわっているようだったら、「お兄さんって私から見たら、そこまですごい人とは思わないけどな。いつも人に緊張感を与える雰囲気で近寄りがたいから、君といるほうがよっぽど居心地いいしすごく楽しいよ」と誰よりも自然に相手のいい部分を伝えられるのも〝友だちカウンセリング〟の強みだと思います。この積み重ねが相手に自信を与えていくことになる。

あと、「自分は本当にダメな奴なんだ」と友人が言うときがあったら、「別にダメじゃないし、それを言うのは、こうして楽しく会っている私はダメな人に会っていることになっちゃうよ、そんなのって私にもあなた自身にもちょっと失礼じゃない？」って、私だったら、そのとき相手を落ち込ませても言ってしまいますね。

私の周りには年齢とともに、どんどん心が自由になっていった人がたくさんいます。親元から離れて自分なりの生活を構築していくうちに、「親はこうだったけど自分はやっぱりこういうタイプだったんだ」と、気づいて変わっていきました。変化していったその姿を周囲が支持していくと、ますますその人がその人らしく変わっていく。

親が子どもに与える影響力は、本当に恐ろしいくらい強い。親の考えひとつで子どもをいかようにもコントロールできてしまうと、私自身が親になって実感したことです。だからあなたがこれから親になるときは、子どもの持って生まれたものをきちんと見てあげてくださいね。親の望みとは関係なく、「どんな人間として生まれてきたのか」を小さい頃からしっかり観察すると見えてきます。持って生まれた子どもの個性が、親の意図とは合っていなくてもそれは仕方がないのです。親は認めてあげるしかない。

私の息子は、いろいろなことがまんべんなくはできないタイプ。一つのことに熱中したらほかのことはできない性格で、やりたくないことはやらない。やりたくないことにチャレンジしてみようとさえ思わないということが、赤ちゃんのときにもう、ひしひしとわかりました。

母親だったら、みんな大体わかると思います。「自分の子ども」というより、もっと引いた目線で「一人の人間」としてどんなタイプかという目で観察してみる。そうやって見ると私の息子は、小さいときからまとめ飲み、まとめ食いをしていた。赤ちゃんなのに二時間おきに乳を飲んだりできない。あと、夜になればなるほど元気になっていく。それは中学生になった現在もそのままで、深夜になると調子がどんどん上がっていく。

親としては「夜は寝てほしいな～」って思うことも多かったですけど、なるべくねじ曲げないように気をつけてきました。

こういう癖は生まれたときから持っていたもの。子どもの持っているものを親の願望や都合で変えてはいけない。とてもむつかしいけれども、育てていくうえで大事にすべきポイントだと思うんです。

自己肯定感が低い人は、いろいろな場面で自分を否定します。「ダメな奴じゃないよ」「その服とても似合っているよ」「ちょっと体に悪いかもしれないけど、アイスおいしいよ」と言ってみても、「そうは言っても親がさ……」と反論することが多いけれど、その人が一人になって落ち込んだときに、やっぱりその友だちがかけてくれた言葉を思い出して少しずつ変化していくんですよね。だから、励ましたときのリアクションにあまり手ごたえがなくても、言葉は本人の心のなかでちゃんと生きているから反論されても気にしないこと。そのくらいの姿勢と距離感でいてあげてください。

あと、言う本人が思っていない言葉で励まさないことも大切だと思います。よくある心理マニュアル本のように、「自分をやたらに否定する人を褒めてあげましょう」みたいな方法を鵜呑みにしてやり過ぎないように。意図的に接すると友だち関係がじわじわ破綻してしまいます。会うたびに「君って素敵だね〜」って、言ったりもしない。会うたびに褒めていたら相手は気持ちよくなるかもしれないけど、ある日うっかり言い忘れて一度も褒めない一日があったら、「あれ？　今日は素敵って言ってくれないんだ……」と落ち込んでしまう。長い目で見たらこういうことはよくないなって思うんです。友だちのことを本当にいいなと思ったときだけ、本当のことだけを言ってあげる。

もう一つ気をつけることは、「自分はダメだ……」と本人が思っているときに、「君のそういう考え方がダメだから、自信がつかないんだよ」と言ってしまうことだと思う。否定のパワーが相手に乗り過ぎてしまう。でも本当に友人のことを大切に思っているなら、きっとそんな風には接しないでしょう。

二〇歳過ぎたら人生は自分で作っていく。それが大人になっていくということ。

逆に、親の呪縛に苦しんでいる方は、本当に落ち込んだときに友だちに言われたいい言葉を、ちょっと思い出してみてください。心からの言葉ってそんな風に長期間、人の心に残ります。言った人、言われた人両方に残るものなのです。

【24】近々、友人と二人で会社を作ろうかと、真剣に話し合っています。グラフィックデザインの会社です。学生時代からの気心しれた友人なので、一緒に働けることは楽しみでもあるのですが、友だちであることでかえって、不満を伝えられなかったり、遠慮したりしてストレスが溜まるような気がしています。仕事の方向性などで意見がぶつかり合い、友情にヒビが入るリスクも考えてしまいます。友だちと仕事をする際、何か気をつけておくべきポイントがあれば教えてください。（三〇代男性）

この相談は、結婚というテーマとすごく似ています。結婚って、「愛し合っている二人が一緒に暮らして家庭を作る」ということだけではなく、「二人の関係性のなかにお金の要素が介入してくる」ということです。皆さんまだそんな風に捉えてないかもしれませんが、それも結婚の大切な面なのです。つまり一つのユニットで、経済を考えていく関係になること。たとえ夫婦それぞれが別収入別会計であっても、結婚したら必ず一つの貯金箱を二人で持つことになります。

友だちと会社を作ることもそれと同じです。「気の合う友人と毎日職場で会えるし、いろいろ思ったことも意見を言いやすいし、そのうえお金が入ってくるんだからいいな」という考えだけでいたら、ビジネスとして続けることはむつかしい。
友人関係から、お金が介入する関係に変わってしまうことは、恋人関係から夫婦に変わることと同じくらい大変なことであると、二人ともがしっかりとそういう認識を持っていたら成功する確率が上がります。これからは友人同士で普通に遊んだり励まし合ったりするだけの関係性とは違ってしまうことをお金の面も含めて、今のうちに相談する。それで意見が違うようであれば、「今までどおり、それぞれで仕事をやっていこう」という感じになると思います。

友だちと事業をはじめた人のほとんどが、お金か嫉妬心で失敗しています。上手くいくケースは稀。会社設立以前の準備段階でトラブルになりそうな部分がわかっていることが多いですよね。

恋愛から結婚へ、友情からビジネスパートナーへと変化することへ、つい夢の部分ばかりを見過ぎてしまうのかもしれないです。もちろん夢を持つことも大切なんですけど、「今までの関係と一体何が変わるの？」と考えるとやはりお金なんです。新しく入ってくる要素としてそこを話し合える状況でないと、続けていくことはむつかしい。

この相談の場合、あともう一人、監査役のような役割の人がいると成功しやすくなりますよね。社員として一人雇うのがむつかしければ提携先や取引先の人でもいいので、二人に対して正当な評価と意見が言える人がいると上手くいきそうです。お互いグラフィックデザイナーという同じ職種ですから、嫉妬心も生まれやすいです。ほかの人たちをどんな風に絡められるかがすごく重要になってきます。一人がグラフィックデザイナーで、片方が経理や営業という二人組だったらいいですけど。

コンピュータオタクの二人が起業した「Apple」がなぜ発展していったかというと、二人の性格が正反対くらい違っていたからでしょう。ジョブズは全部の部門の問題に頭を突っ込んでいくやり手タイプで、もう一人のウォズニアックは自分の好きなものが作れてある程度お金が入ってきたらそれで満足だから、面倒な話は聞かせないでくれというエンジニアタイプ。だから、二人三脚で事業が発展していったんです。同じようなタイプの二人だとむつかしいのかもしれない。

それからもし、一人だけに仕事が集中してしまうと、やっぱり妬む気持ちが出てきかねない。「お前に今、デザインの依頼が集中しているから、俺が経理や雑務に集中するよ」と、素直に言える人がパートナーだったら上手くいくけど、なかなかそういう風にはなりません。でも、そこでいちいち妬んでいたら、そもそも会社じゃない。会社というのは利益を生み出していかなくてはいけないものです。「お前が売れっ子デザイナーになって、会社は安定してきたから本当によかった！」くらい言えるようでないとむつかしいと思うのです。

それに、一人ずつに依頼が来たときは、それぞれ個人のカラーを出してデザインしてもいいと思いますが、会社として依頼を受けた場合は、二人が同じようなものを同じクオリティで制作できるという状態にしておく必要もあります。会社のブランドとして出すデザインのテイストを決めて、クオリティを保っておけば何かのプレゼンをするときに、二人それぞれのデザインと会社としてのデザイン、合計三案を提出することができる。

私は小説家ですが、事務所の経営者でもあるので、スタッフを雇うときに採用面接をします。基本的に「私のファンじゃない人」を雇うことをデビュー時から守ってきました。例外の人も数名いましたが、そういう方には重要な職務をお任せしていません。もし私のファンが秘書になったら、私とスタッフが見つめ合った状態で仕事をすることになってしまう。一緒に仕事をしていくのですから、私とスタッフの視線は社会に向かっていなければいけません。見つめ合っていたら、これは同好会。閉じた世界にいたら仕事は発展しません。

ある事業が失敗したケースがあります。その会社に出資している人が、なぜか出資してもらったほうの人の運転手をしていたので、私は「それはおかしいことだから、運転手なんてやめなよ」と言ったのです。その人は「私は運転好きだから大丈夫です」と言っていましたが、そういうことではないのです。その事業は破綻しましたね。当然です。出資してくれている人を運転手にしている時点で、どう考えても経営者としてアウトです。これ以外にもきっと、筋の通っていない、わだかまりができやすい判断が頻発していくからです。

会社を作るときって、税理士さんに会って相談したり、登記などの手続きをしたりしなくちゃいけない。そういう現実的な作業や準備をしている段階で、お互いの意識の違いがわかってくる。

会社を作ること自体は手順をふめば簡単ですが、会社を維持していくことは至難の業。それに、会社をたたむことになったときも大変。なんでもそうですが、はじめるのは簡単で、やめるのは大変。これも結婚と一緒。会社をやめるときのことまで、とことんつきあって二人で責任を取っていける相手かどうかを見極められていたら大丈夫。あとはお互いのいいところだけでなく、悪いところも把握していること、そこを許せる相手であることも大切です。

【25】親友が三〇代でガンになり現在闘病中です。認めるのがとても辛いのですが、回復の見通しが立たない状態だとご家族から聞きました。本人は周りに対してとても明るくふるまっていますが、こんなとき、親友としてどのように接したらいいでしょうか？　少しでも苦しみを和らげられたらと願っています。（三〇代）

私も年齢とともに人のお見舞いに行くことがどんどん増えて、もはや日常的になっているくらいです。相手の体調に合わせつつ、普通に会いに行くしかできないのではないでしょうか。あとは、闘病されている方の性格も考慮してあげてください。病室にいる姿をあまり人に見られたくないタイプの人もたくさんいますから。

今の時代は入院していてもメールやLINEができます。私は、「暇でしょうがない時間帯っていつも何時頃？」と相手に聞いておいて、その時間帯にメールしています。お見舞いに行くときは事前に、「近くまで来たから今、病院に行ってもいい？」とメールで確認。来てほしいときもあるかもしれないから。「今日は眠くてずっと寝てます」みたいな返事だったらすんなり帰る。

ガンで亡くなった女友だちがいます。お見舞いにもたまに行っていましたが、その方は「自分の死を悟っている」という感じではありませんでした。かといって、自分は治るんだという雰囲気でもなくて、あまり生死のことを考えたくないという感じに見えました。

闘病中のたくさんの人を見てきて私が思うのは、必ず病気にはその人に関わる原因があるということ。本人がその原因となる部分を変えない限り、また別の形で問題が出てきてしまう。

病気の原因とは、「生活習慣、思考パターン、遺伝的要因」という当たり前の三つであることがほとんどです。親が糖尿病だったら、自分も糖尿病になる可能性が高いから気をつけておかなければなど、遺伝的なものと合わせての生活習慣や思考パターンが原因として必ずある。友だちとの関係性や距離感もあるので全員に言う訳ではありませんが、その原因を直すのがむつかしいとはわかっていても、友だちとして「直したら?」と客観的に言ってあげたいと思います。あとは本人が選ぶことですからそれ以上のことはできない。

元気なときは一緒にマッサージに行ったり、ご飯を食べに行ったり、いつも臨機応変に相手の体調に合わせて接することが大事。相手の性格によって対応を変えながら合わせていくこともあるので、いちがいに「こうして接したら正解」とは言えませんよね。

でも、「そんなにお酒を飲むから、病気になってしまったんじゃないかな」など、もしその人特有の悪い習慣を見つけたらやっぱり言ってあげたほうがいい。「どうしてここで休まないで無茶するの？」とか。もちろんその人自身の人生ですからね、周りは支えることと以外何もできないんですけれど。病気につながる、本人は気づきにくい癖を言ってあげること、会って話すこと、メールを送ることくらいしかできない。

その女友だちで言えば、昔から睡眠時間が異様に短い人でした。きっとそんな生活に体がついていけなかったのだと思います。私も友人として「いくら何でもその睡眠時間は短いよ」と何度も言っていましたが、その人に染みついた長年の習慣だったので最後まで直らなかったですね。

幼少期の環境が厳しく、危険を回避するためにいつも神経がピンと張りつめていたまま大人になった人でした。命に関わるくらい心を張りつめている人が、それをゆるめていくことはとてもむつかしくて時間がかかります。もっと生活を楽にしなくてはいけなかったのに、どんどん困難な道を選んでしまうような性格でもあったのです。きびしい姑がいるところに嫁いじゃうとか。そんな習慣や行動パターンに体がついていけなくて四〇代で旅立ってしまった気がします。仕事でも家庭でも、とにかく何でも突きつめてやらないと気がすまない。常に頑張り過ぎの人でした。

印象に残っているやりとりがあって、もう体が動かないような状態で、彼女が病室で急に「座りたい」と、言い出したんです。私は「やめときなよ」と止めましたがそれを聞かず起き上がりました。起き上がっていすに座ったらすぐに「もう限界だ……」と、言ってまた寝ました。そのエピソードに彼女の性格がよく表れています。若くして亡くなってしまったことは残念だけど、仕事面でも夢は叶っていたし、何でも頑張る彼女の美学や生き方を最後まで貫いていたので、悔いのない人生だったのではないかと思っています。

もし私が入院していたら、あまりたくさんの人にお見舞いに来てほしくないなと思う。病気になっている自分を友だちに見せたくないという訳じゃなくて、読みたい本をひたすら読んで自分の時間をじっくり過ごして、傷ついた動物のようにじっとしていたいからです。病気になって入院したからといって、急にひんぱんに会いに行ったりして、役割を変えてしまわないことも親切な行為。これまでの関係性や距離感を変えずにいることが、闘病中の人を思いやっていることでもありますよね。

相手から突然、切羽詰まった感じのメールが来る日もあると思います。「今日は一日中吐いていた」とか「頭が痛過ぎて明日から緊急入院です」とか。そんなメールが届いても動揺し過ぎないで、淡々と優しくいつもどおりに。

つい心配し過ぎて、関係性を超えたことをやってしまいがちになるのが人というものですよね。でもそのあたりの間合いも気をつけて、冷静さを保っていましょう。心配がゆえに何回もメールしたり、何回も会いに行ってしまったりしないように。

それもまた大切な思いやりの形だと思います。

【26】「男の友情」と「女の友情」には、とても大きな違いを感じています。女の友情は、男性に比べて友だちになるスピードははやいですが、とてもライトにつきあっているように見えます。「広く浅く」という印象です。男の友情は、その反対で「狭く深く」というように見えます。もちろんいちがいにみんながそうとは言えませんが、男女の友情の違いについて、ばななさんはどう感じますか？　（三〇代男性）

私が感じてきた大原則を最初に言うと、男は男友だちが大好きで、女は女友だちが大好き。でもどっちかだけだと、つまらないから男と女がこの世にいるんでしょうね。あと、そうじゃないと人類が増えないし（笑）。

私は、男同士の友情のほうが女同士のそれよりも、とても自然に見えていいな、と思うし、決まりや定型がない印象を持っています。そんな風に思うのは、男同士で友情が確立されていると、かなり無茶なことでも受け入れてしまうんだなと思う場面をたくさん見てきたから。急に家に来て「今夜泊めてくれ」と言われても、男同士って普通に泊める人が多いけど、女同士でそんなことをしたら、すごく微妙な雰囲気になる。そんなことを見ると男の友情は、いろいろなことを計り合うみたいなことが女性よりも少ない気がします。それと男同士の友情って、お互いに大好きっていう感じを出し合っている。女性って、あんなに露骨で無防備に、好きという雰囲気を出し合わないもの。

女同士の友情でいいなと思う点は、男の人にはわかってもらえない細かい気遣いができるところです。看病のときに「靴下、化繊だと嫌だったよね？　違うもの買って来たよ」とか、お見舞いに大き過ぎるお花を持ってこないとか。そういう細々としたことがわかるのは、女同士の素晴らしさ。

たしかに女性のほうがちょっと気になった人とすぐ連絡先を交換したり、SNSでつながったり、社交性が高い傾向があるかもしれない。男性は、すぐに近づいたりしない。そこは慎重だけど、そのかわり一度仲良くなったらとことん好き同士になるみたい。女性同士だとFacebookで友だちになっても、後でこっそりフォローを解除しちゃうようなシビアさがあります（笑）。

もちろん女の人でも浅い仲ではなく、深いつきあいをしている人もいます。そういう関係になっているのは、お互いの悪い部分を見せ合っているから。イライラしている場面とか、そういうコンディションがダメな部分を見せることができていたら、女同士だって信頼関係が深くなる。

とことんまで深くなった男の友情を見かけると、お互いに何も強いていないし、いつ会ってもお互い悪口を言わない。私の知人で、シタール奏者とその友だちの関西人のとても仲がいい二人組がいるのですが、この間も本人がいないところで、「シタールの音は大抵飽きるんやけど、あいつのシタールは聞けば聞くほど魅せられていくばかりや〜」と、言ってました（笑）。常にそんな風に陰でも褒めている。ちょっと羨ましいなと思う。

バリ島の大富豪、丸尾アニキのお宅とか、桜井章一会長がいる雀鬼会へお邪魔すると、アニキや会長は、口に出してメンバーたちと信頼関係を確認し合ったりはしないけど、誰が見ても男心が通じ合っていることが伝わってくる。ことさらに「俺たち仲がいいよな」って、絶対に言ったりしないのに、何かが伝わってくる正直な関係。

反対に女性は、そういう部分を見せないようにします。まんべんなくしよう、場を丸く収めようとする感じというか。でも男同士はそういう感情がはたから見ていても、露骨にわかっちゃう。もはや愛し合っているんだなって思ってしまうくらい。

よく結婚式でも号泣している新郎の男友だちを見かけますよね。私はあれを見ると、男同士の友情って熱いな〜って思います（笑）。

【27】二〇年来の親友がいましたが、現在絶縁状態です。私がある人と共同で新しい事業をはじめようとしたとき、「あの人は信用できないし、きっとこの事業は失敗する。今のうちに中止にしたほうがいい」と忠告してきました。私はそのアドバイスに腹を立て、売り言葉に買い言葉でケンカに発展。そのまま連絡を取らなくなり一年が経過しました。そして事業は彼女の忠告どおりの結果になりました。振り返ると彼女のアドバイスは、当っていることが多かったことにも気づきました。私は彼女に謝りたいのですが、何度も忠告を無視されてきた彼女はきっと呆れて許してくれない心境だと思います。

（四〇代女性）

「あなたのアドバイスどおり、一年間で事業がダメになってしまいました。これからは真摯にあなたの意見を聞いていこうと思っています。ごめんなさい」と、まず謝ってみてはどうでしょうか？

でも、自分の人生は結局は自分で決めていくことです。人に事業を止められたからといって、怒ったりはせずに、アドバイスもちゃんと聞けて、決断は自分でしていくという姿勢が足りなかったからトラブルになってしまったのだと思います。アドバイスが当たることが多かったらしいので、あなたのことを客観的に見てくれるよいお友だちだとは思いますが、その人に人生の選択を預けるのはおかしいことですよね。あときびしいことを言うと、友だちに忠告をされて腹が立ったという時点で、あなたが事業を起こすことに向いていないように思えます。

私もある忠告をしたら腹を立てられて、長年の女友だちと仲違《なかたが》いをした経験がありま す。彼女が共通の知人に利用されている感じになりつつあるな、と気づいて、私が忠告したら関係がこじれてしまったのです。金銭が絡む問題でしたので、私も思ったことを言わなくてはならず……。完全な絶交には一度もならなかったのですが、二年間くらい誤解され続けていました。

あるとき、自然な流れで二人きりで飲みに行くことになり、当時の事実確認をしながら、「二年前は悪かったね。吉本さんの言っていたことがやっとわかりました。ごめんね」と謝ってくれました。「私も当時は潔癖過ぎたかもしれないし、気にしないで」と、お互い譲歩する感じで仲を修正。その共通の知人も、根っからの悪い人ではないのですが、生きているだけでいつの間にか人をひきつけてしまうようなタイプでよい意味でわかりにくい人なので、事実が浮かび上がるまでに時間がかかったのです。

もし私がその知人と同じ立場だったら、同じことをするかもしれないと思っています。

事業が上手くいかなくなって収入が減ってきて、身内や知り合いに製品を定期的に購入してもらってきた。それで事業を回していたのに、「今月はどうしても買えない」と私が断ったから、とても困って私のことを悪者みたいに女友だちに話したというようなことでしたから。

困ってるのはわかるし力になりたいけど、その時期の私も現金があまり用意できなかったのです。私にも生活があるから断る権利があります。実は私だけでなく、その製品を購入しているほかの知り合いも知人に対して同じように思っていたり、よくない流れがありました。現在はいろいろな工夫をされて事業が軌道に乗り成功しているから、本当によかったのですが。

彼女と私は三〇年来のつきあいです。仲直りして飲んだとき、「体の言葉」というものが二人の間にはあるんだなと思いました。ただの言葉のやりとりだけで仲を修正したのではなく、二人の体のなかにこれまで過ごしてきた膨大な時間が蓄積されて残っている。それだけ長い時間を過ごしてきたから、すぐに元の関係の感覚に戻れたんです。あなたたちも二〇年間のつきあいがあるので、互いに共通の体の言葉を持っている関係かもしれません。

友だちだからといって、何でもかんでもアドバイスすればいいとも思っていません。

私は基本的に、聞かれなければ意見は言いません。「吉本さんの意見を聞かせて」と、言われたら、思っていることを正直に伝えている。その事業のスタンスでは絶対に成功しないなと思ったら、そのまま言います。もし私の読みが外れて、事業がめちゃくちゃ成功したら素直に謝ります。そういうことは別にむつかしくはありません。もしたずねられたら、「私はあなたのことが好きだし、友だちとして大切に思っているけど、これからはじめようとしている事業はこういう理由で失敗する気がします」と、正直に言うしかない。私もよくアドバイスを求められて意見を述べて気まずくなり、後から、「やっぱり吉本さんの言うとおりでした、すいません！」と一〇〇回くらい謝られています。でもきっとそういう人たちはまた再びアドバイスを無視した行動をする（笑）。でも、その人の人生は、その人が決めることだからいいと思っています。私は、言わなかったという悔いが自分に残るのが嫌なんです。

私も、いろいろな場面で目上の方々に許されてきた人間です。「吉本さんのここさえ、こうだったらもっといいのに……」と、思われながらつきあってもらってきました。そうやって許されながら自分も人生を歩んできたから、私も人に対して寛容でいたいのです。たとえ友だちが事業に失敗したとしても、私だったら「好きでやったことだから、いいじゃない」と言うでしょう。きびしく咎《とが》めたりせず、大目に見てあげたい。相談者の友だちも、悪い事態を避けてほしいから忠告していたとは思うのですが、「どう思う?」って聞かれてから答えたほうがいいですね。「あの人と会社を作ろうと思う」と言われただけで、「やめときなさい」とは私だったら言いません。「そうなんだ、頑張ってね」と言います。でも、「あの人と事業やること、どう思う?」と聞かれたら、正直に思ったことを私は言います。

【28】去年は人間関係がとても大きく変わった一年でした。これまで仲がよかった友だちで急に話が合わない感覚になって疎遠になった人もいれば、ちょっとした価値観の違いで口論となりケンカ別れした人もいました。別れの数があまりにも多い一年でしたので、これは何か原因とか学ぶべきことがあるのか自己分析をしている最中です。ばななさんは、これまで短期間で人間関係が大きく変わったというご経験はありますか？ その頃の学びや気づきがありましたら、教えてください。（四〇代女性）

人間関係が大きく変わるときというのは、自分自身が大きく変わったときかもしれません。例えば、何か物を渡すときにいつもニコッと笑って渡していたのに、あるときから笑顔で渡さなくなった。たったその程度のことで、人間関係や人生の流れは変わっていってしまう。だから、人生というものは自分の変化やあり方が常に周辺世界に反映しているものなのだと思います。普通に生きているだけでも、常に変化が起きているのが人生。それがある時期にいっぺんに変わったのであれば、それは人生の潮目が大きく変化したときだと思っていいのではないでしょうか。

私は友だちづきあいしていたある方と動物の扱いについて、大きな隔たりを感じたことがありました。それを感じたときから、もうどうしても会えなくなってしまった。道でバッタリ会えば挨拶はできますが、その方から食事の誘いを受けても、伺うことができない。生理的に無理になってしまったのです。

幼少期から私は、動物を何匹も育て、看病して、見送ってきました。その真逆の考えの人と私が、無理をして表面的につきあえたとしても、それは自分自身にとって、そしてその人にとっても本当によくないこと。「あなたのことはすごく好きなのですが、動物の扱いについてどうしても納得することができないので、もうお会いすることができません」と、正直な気持ちを葉書にしたためて送りました。

このケースは人としての相性以前の問題ですが、自分の人生で大事なことを守るために必要な行為でした。逆に、「あなたとは価値観が違う」と私が縁を切られることも、もちろんあります。

これは友人関係とはちょっと違う話になりますが、先日、昔、一緒に働いたことのある人たちが集う同窓会のようなものがありました。みんな優秀で、素晴らしい人たちなのですが、「今の私は、昔のこの人たちとはもう働けない」って強く思ったんです。皆、個性が強くて、まとめがたい人たちでした。今はその人たちもずいぶん丸くなってきているから逆に昔を思い出してそう感じてしまったのでしょう。一体何にチャレンジしていたのか謎だった(笑)。ちなみに、皆、今も飲みに行ったりするくらい仲良しです。そして、それぞれだけ自分が成長したんだと同時に思いました。みんなも新しい現場でそれぞれ成長しているから、今のみんなと今の私ならまた働けます。でも、今の私と過去のみんなとは、絶対に働けない。時間が経って会ってみると、こんな発見をすることってあるんだという日でした。

私の人生に限って言いますと、何か違うかも、とうすうす感づいていながら見ないようにして放っておくと、人間関係の大そうじみたいなことが起きたりするので、なるべく大そうじはないほうがいいな、と思っています。

【29】四〇代半ばで地方都市に移住しました。夫が実家の仕事を引き継ぐことになったからです。ずっと東京住まいで、映画に芝居にと楽しい日々で、趣味を同じくする友人もいました。今は地縁というか近隣の人とのつながりも濃くて、私は苦手です。このような場所で新たに友人をどのようにしたら作れるのか、悩んでおります。（四〇代女性）

まず映画や芝居については、地方にお住まいの方でもみんな頑張って東京まで観に来ていたりするので、とくに問題ないと思います。

よくライブでボーカルの人が「今日一番遠くから来ている人いますか～？」って、MCのときにお客さんに聞いたりすると、「北海道から来ました！」とか「私は上海！」とか言う人が必ず会場にいますよね。もちろん東京に住んでいる人と比べたら気軽には行けなくなってしまいますが、「これは絶対に観たい」と思うライブや芝居だったら前もってホテルを予約して一泊二日で東京に行くことは、よほどの経済的な事情がない限り可能です。

その点に関しては、今から閉じてはいけない。たとえ家の近所に映画館がなくても、今は映画やお芝居が見放題の動画サービスやCSチャンネルがあるので、地方に移住しても文化的なものに常に接することはできますよね。

ただ、お子さんがいらっしゃらないのであれば、離婚という選択肢も入れたうえで実家の仕事を手伝っていけるのかを見つめること。その土地での生活がどうしても続けられないのであれば、どう身を振るのか真剣に考えれば、必ず答えがハッキリしてきます。もし、ご自身にお子さんがいらっしゃらなくて寂しいというなら、近所の子どもをたまに預かったりして楽しく過ごすこともできるかもしれない。

皆さん「友だちがほしい」という孤独感に悩まれるようですが、仕事を持っている大人だったら、友だちと会う時間ってそんなにたくさん作れないですよね。定期的に会ったりする大切な友人って、ほんの数人で足りませんか？　社会人でしたら近所に住んでいる人、職場の人、取引先の人たちとおもに会って、ほとんどの時間を過ごすでしょう。それでもわざわざ連絡を取って、一緒にご飯を食べたりする人って、三ヶ月に一回とかじゃないでしょうか？

私も以前、湘南に家を購入し、一挙手一投足を見張られているような気持ちになり、近隣とのつきあいで苦労しました。皆さんいい人たちだし、私も何か注意されたら素直に聞いていたので揉めたりすることはなかったですが、変わった生活習慣の人に住んでほしくないという意識がとても強い地域なので住み続けるのは大変だなと思いました。週末の家だから大丈夫だったんですね。

その家は現在友人に貸しているのですが、彼が「俺はな、近所の奴らに挨拶なんてしないぞ。嫌な奴って思われたほうがよっぽど楽なんだー!」と言っていて、そんな考え方があるんだとビックリしました（笑）。元々そんな性格じゃない彼ですが、「木の枝をちゃんと切ってくださいね」とか「昨夜、遅くまで音が聞こえてきましたよ」とかちょくちょく言われるうちに、「俺はそんなこと言われたときは、睨み返してやるんだー!」と、急に変な人格が出てきちゃっておかしかった。こんな身の振りかたもあるんだなと、良し悪しはともかく、私も新たに学んだ気持ちです（笑）。

住んでいたら何をしていても近所に知れわたってしまう感じは、私の地元の下町でも同じです。現在は生まれ育った千駄木ではなく下北沢に住んでいますが、下町出身の私にとって世田谷は人が冷たいって思うことが多い場所。暮らしていて正直きついと感じることもあります。今はお向かいに仲のよい知り合いが住んでいるのが心の救いです。それに、人づきあいが淡い地域だからこそ、小さなお店の人たちと深い交流ができたりね。

もちろん下町には下町の大変さがあり、毎日のように商工会の会議とか、お祭りに誘われて太鼓とか叩かないといけなくなる（笑）。その誘いを、どうしたって断れないことを知っていますから。

最近は都会の忙《せわ》しなさに疲れた若い人が田舎暮らしに憧れたりすることもあるようですが、地方だって種類は違うけれど暮らしは大変。だから、どちらの大変さが自分に合っているのかをきちんと見極めるのは大切だと思います。全く縁のない土地に移住するというのは、覚悟がないとすごくむつかしい。

湘南には私の友人数人が所帯を構えていたので、私は家を購入する決心ができたんだと思います。一人でハワイに移住したとても強い女友だちがいますが、私はそんなことはできない。深夜に車を運転していたら、急に目の前を鹿が横切って行くような土地です。私だったら、もう泣き出しちゃう。もし夜中に車で鹿を轢《ひ》いたりしちゃっても、一人で道の端っこに運んだりできる気がしない。たとえが極端かもしれませんが、都会では起こらない、自然にまつわる様々なことが地方では起きます。そういうことに慣れていこうという感覚が私には全くないですね。

反対に地方から都会へ、震災などの事情で移住をされた方で「都会になじめない」と悩む方も多くいらっしゃると思います。しかし、東京生まれ東京育ちの私でさえ、今の東京になじめていない感覚が強いんです。人が冷たいとか、テナントがものすごいはやさでコロコロ変わっていく様子に、心がついていけない。東京は、仕事をする場所としてわりきられているような街です。猛スピードで変化していってしまう。

それと、商業ベースの変なルールがどんどん生まれてくることにもしっくりきていません。居酒屋は基本二時間制となっているとか、女性のみのお客様は入店お断りとか、私にはもう訳がわからない。

そういうルールがいつの間にか勝手に採用されて、どんどん当たり前になっていくと、それをみんなが受け入れていくことに違和感があります。ちょうど二時間でお店を出たいときは私もそういうお店を利用することはありますが、「混み合ってきましたので今から二時間制です」とか、「そろそろお時間です、ラストオーダーありますか？」と、まだ注文品がそろってないのにいきなり言われる。そういう状況に、私はなじむことができない。だから、地方から東京に移り住んできた人がなじめないというのは仕方のないことだろうな、と思います。その冷たさが楽なときもあるのかな？

とにかく自分で自分のことがわかっていないといけません。どこは変われて、どこは合わせられないのか。

相談者は自分の意思ではなく、家庭の事情で慣れ親しんだ土地を離れなければならなかったので辛いとは思いますが、地方の人間関係が濃いのは当然。その点は、「夫の実家の仕事の一環」だとわりきってしまえば次第に慣れてくるのではないでしょうか。このケースですと、近所のつきあいは、ある意味営業活動です。これからは実家の仕事で生計をたてていくのだと思ったら、明るくわりきれるかもしれない。そして、結婚は経済活動でもある。それをどのくらい長い目で受け入れられるかですよね。

【30】会社員の男性と三〇代前半で結婚をし、子どもにも恵まれ平凡ではありますが幸せな家庭を築くことができました。私の両親は、私が独り立ちをした時期に熟年離婚をしています。私は自分の子どもが独立しても、仲のいい夫婦でいたいです。そのために夫とは、親友のような絆で結ばれている必要があると思っています。結婚相手と親友のような仲でいるためにできる努力はありますか？　ばななさんは、パートナーの方とは親友のような関係ですか？

（三〇代女性）

まず、「親友のような夫婦になろう」と「思って」なれることとって、この世にはない気がします。あると思いたいのが人情ですが、人との関係って、コントロールできそうでできないですよね。

でも漠然と、「こっちの方向性がいいよね？」という感じで時間をかけて、同じビジョンを夫婦間で共有することは可能だと思います。

世の中には、「いつまでも男と女の関係でいたい」という夫婦もたくさんいます。男女という位置づけを保ち続けるためだったら、ほかの登場人物を導入したり、あやしいパーティーに行ってパートナーをチェンジしたり、そんなことをしてでも男と女を継続したいというカップルを実際にたくさん知っています。

私には関係のない世界なのでものすごく遠巻きに接しているのですが、そういう性的なことを重視しているカップルだったら、長年一緒にいてもおそらく親友のような夫婦にはならないでしょう。

生命保険の広告にあるような、老夫婦が公園を仲良く散歩しているイメージに、相談者はたどり着きたいのだと思います。二人の生活観が合っていればやがては叶うと思うのですが、すぐにはなかなかむつかしい。

また身も蓋もないことを言ってしまいますが、結婚って経済を共有している関係。そのことを忘れてはなりたたない。経済を共有する関係のうえに、子どもとか双方の親とか、いろんな共有項目が増えていく。その増えていったものに応じてゆっくり関係性が深まっていくものです。

言い方が悪いかもしれませんが、結婚とは利害というもので結ばれているからこそ、固い絆なんです。「この人が死んだら自分は路頭に迷う」とか、「二人だからこそここに住めるんだ」とか、同じ利害の立場からより多くのことを見られるという関係。そういう意味では夫婦も親友の一つの形と言っても間違いではないように思います。

先日、イタリアから長期出張で日本に来ていた女性と会っていたら、「こうやって私が長い間家を空けて帰ると、夫が必ず大きな買い物をしているから今回も帰るのが怖い」と言っていて、実際イタリアに帰ると冷蔵庫を買い換えられていたそうです。そして冷蔵庫を開けてみたら、彼の好物の高級な桃がびっしり入っていて、「どうだ、見ろ～！」と得意げだったそう（笑）。

彼女は、「野菜室はこのくらいの大きさであのメーカーのものにしようかな、でもあれもいいかもな」と、夢いっぱいに冷蔵庫の買い換えを思い描いていたので本当にがっかりしていました。

「もういいじゃない、可愛いだんなさまじゃない、笑って許してあげなよ」と、周囲は彼女を慰めるのですが、どうしても笑えないと言うんです。こういう場面になったときの落としどころを、一人だけでなく、二人ともが知っているというのが夫婦を続けるうえですごく大事かも。

私と息子は、親友のような関係だと思っています。これは「自分の子どもだから」というだけではなく、元々の性格の相性が合っているから。

だけど私と夫とはすごく違うから、いろんな努力が必要です。一緒に暮らす空間を円滑にする工夫をしなくてはいけません。

私は電子機器をあまり家に置きたくないタイプ。節電のためではなく、機器のケアが面倒くさいから増やしたくない。でも夫は、便利な電子機器が大好きでしょっちゅう何かを買っています。

うちは動物が多いので匂いがこもりやすく、私は掃除をするとき窓やベランダの戸を開けるのですが、夫は蚊が家のなかに入ってくるから開けないでほしいのに、ぐっと我慢している。でもやっぱり蚊に刺されて耐えられない！ と彼なりに考えたことは、蚊を取る機器の購入でした。

「すごくいい、消音タイプのものを買ったんだ」と言って使いはじめてみたら、まるでターミネーターが登場するときのような「バリバリ、パリパリ、ヒュ〜〜〜」みたいな轟音が機器から聞こえてきて、家族みんな夜も寝られない（笑）。どうやら不良品だったようでそれを返品したら、つぎはもっと巨大な、ガレージに設置するレベルの蚊取り機を購入していて……。

私は、玄関の外にそのマシンを設置するのがベストな解決方法だと思うんですが、夫は自分の部屋に置いてます（笑）。「別にいいか、夫の部屋だし！」とここでわりきるのが大切です。

こういう違いをお互いが本当に嫌だと思ってしまったら、どちらかが家を出て行ってしまう。誰かと一緒に住むということにはすごく微妙なバランス感覚が必要になります。

ある女友だちがすごく年下の彼氏と同棲したときに、「彼は何もしないし、誰とも生活したことないから」と言って冷蔵庫に細かい役割分担表を貼りだしました。私はそれを見て、「これをやったらきっと別れるぞ」と思っていたら、予想どおり破局してしまった。

役割分担も自然に決まっていったものならいいですが、人間ってみんな何かを強いられることが嫌な生きもの。男も女もそれは同じです。

「家に帰ったらあの、冷蔵庫に貼ってあることをやらなければいけないのか……」と思うと男性は家に帰りたくなくなるし、また表を書いた彼女も「あ、彼ったらまた今日も分担やってない!」って思うようになっていくに決まっている。だから、そういうようなことではなく、もっとざっくり考える。一週間で帳尻が合えばいいやみたいな、そういう気持ちで。

この同棲カップルの場合、彼女がもっとダメになって、彼に手伝ってもらうとよかったのかもしれません。ダメと言っても、家事を全部放棄する訳じゃなく、「ごめん今朝、遅刻しそうだからゴミ出しよろしくね！」と言って任せるみたいなのがいい。そして家に帰って来たら「ありがとう、今朝はゴミ出ししてくれて！　本当にあなたって素晴らしい！」と、まるで犬を褒めるみたいに繰り返し伝える。そのくらいしないと、他人である異性には伝わらないんだと思う。

私の周りには、子どもが独立したあと熟年離婚をされた方も多くいますが、離婚というよりももっとソフトな形をとった夫婦はもっと多いです。籍は抜かずに近所に家を借りて片方がそこに住む。そしてご飯の時間にときどき会って、食べ終わったらそれぞれの家に戻っていく。

これもまた関係を長持ちさせる秘訣ではないでしょうか。家庭内別居したり近所に住んだり、そういう夫婦の形でもいいと思います。

私の両親はある時期から家庭内別居していました。父は朝型タイプで、母は夜型タイプ。生活リズムが全然合わなくて、それぞれが耐えられなくなり、ある時期から各々の部屋でマイペースに暮らしはじめたら、以前の関係よりいい雰囲気になりました。お互いの嫌いなところも、決定的に嫌いでなければやがてなじんでいくんですね。

「離婚したいけど子どもが成人するまで我慢して、それから家を出よう」とどちらかが思っている夫婦も世の中にはたくさんいますが、私はそういう気持ちになっているのであれば、いつのタイミングで離婚してもあまり結果は変わらない気がします。子どもがどうであろうと、我慢する時間は一刻でも短いほうがいい。

子どもは親が家にいないより、家の雰囲気が悪いほうが辛い。子どもに聞いたらもちろん「出て行かないで」と言うに決まっていますが、それでも自分の子どもを本当に愛していたら、雰囲気の悪い家のなかで生きて子どもの人生の時間を無駄にさせるより、気持ちよく別居して、「お父さんの家とお母さんの家、どちらも行き来は自由だよ」と言ってあげたほうが、幸せだと思います。

私の息子がいずれ独立して一人暮らしをはじめたとしても、私の生活はおそらくあまり変わらない。夫も仕事で一年の半分くらいアメリカに行っていて、私も一年の半分くらい台湾に行くような感じだと思います。それで夫婦がダメになっていくとは思わない。お互いのペースを合わせて暮らすことを、またほかの誰かと最初からやるなんて考えただけでぞっとする。やっとここまで積みあげてきたのに！　って。それもお互いに離婚したくないと思う要因のひとつです。こういう気持ちになるまでがんばるのも大切なことですね。

当たり前ですが人と暮らすことって、同性でも異性でも親子であろうとも、とにかく努力が必要。努力をし合っていければ、どんな形になっていくかはわかりませんが、子どもが独立して夫婦だけになったとき、何かが実を結んでいる。どんな形で実を結ぶかはそのときにならないとわからない。

私たち夫婦ですと、顔色を見たらお互い調子がわかるとか、そういうことができるようになりました。これも暮らしてきた年月が築いたものの一つです。

実は遺伝子の情報のほうが「自分はこうありたい」というエネルギーを強く発信している。頭で「親友のように」とこだわりすぎて、相手や自分を窮屈にさせず、そのへんをふんわりさせたり、ざっくりさせたりできたら、いつのまにか親友のような夫婦になれるかもしれませんね。

【31】友だちが突然部活をやめたことをきっかけに、クラスで裏切り者と言われ、いじめの標的になってしまいました。持ち物を隠されたり、無視されたり、悪口が書かれたメモが授業中に回ったりと、日に日に内容はエスカレートしています。友だちを救いたいけれど、自分も標的になるのではと怖くて仕方がありません。(一〇代女性・中学生)

これは羽海野《うみの》チカ先生の漫画『3月のライオン』と、とても似ている状況ですね。ネタバレしてしまうので詳しく内容は言えませんが、私はこの漫画のなかで起こるいじめに対して、「友だちだったら私でもこうするだろうな」と思いました。そして、今の時代のいじめってすごく陰湿だから本当にかわいそうだなと思います。

標的になってしまった友だちを助けたいと悩んでいるようですが、自分の身も守らないといけないから、表立っての対応は、私はしないほうがいいと思います。もし私だったら手紙を書いたりメールを送ったり、学校から帰ってから会うとかして、陰でその子を励まします。

そして先生にいじめを相談する、しないの判断も状況によります。基本的に教師の介入による解決はあまり期待できない。よりいじめがエスカレートする可能性もあり、見きわめが大切。

例えば、教科書を破かれたとか、そういうレベルのいじめをされていたら、教科書を買い直さないといけないしお金が生じるから、大人に言ってもいいでしょう。破かれた教科書を先生に見せたり。

でも多分いじめって、長期間は続かない。だから三ヶ月くらい学校を休んでみて、それでまた学校に戻れるか戻れないかを判断するのも一つの方法です。

あとは、学校以外の場所での時間を充実させること。もし習いごとをしていて、そこでの友人関係が楽しかったら、「学校の時間は淡々とやり過ごす」とわりきることができる。

思春期になると、いじめとは関係なく、一人で過ごしたいっていう人も現れてきます。休み時間をみんなとワイワイ過ごさないで、ずっと本読んだり編み物したりする人。それもひとつのあり方で、学校では勉強をしたり、自分のことをしたりする時間だとわりきって過ごす。そして、習いごとのところで本当に気の合う人たちと交流できていたなら、案外いじめが気にならなくなるかもしれません。

私も変に目立つ存在だったので小学生のとき、女子のボスにすごくいじめられました。

音楽の授業時間、みんなで楽器を演奏していて私が間違えて音を外したりするとじっと指差してくるとか、そんなことを私に毎日しつこくしてくる。集団のいじめというより個人攻撃。

攻撃されるきっかけは思い出せないのですが、その子が好きな男子と私が親しげに話しているのを見たとか、そういうよくあることだったと思います。私のことがすごく嫌いだったみたいで、家の近所の壁に私の名前や悪口を大きく書くくらい思い詰めていました。

あと中学時代、また別の人にいじめられそうになったことがあります。その人はグループを作っていたから、ちょっとたちが悪くて。

でも下町の中学生だし大した攻撃はしてきませんでした。私に嘘の待ち合わせ時間を伝えて、集合場所に行くとみんながいない。いないから家に帰ると、翌日「来なかった」と怒るとか、そういういじめかた。

最終的に、その人のおばあちゃんがいじめの雰囲気を察して、介入してくれました。おばあちゃんが全員集合させて居間に座らせて「もうやめなさい、そういうことは!」といじめグループを叱ってくれたんです。もうそこでいじめは終わり。当時の下町って、親とかおばあちゃんが見ている範囲で子どもが遊んでいるから、子どもたちの様子がおかしかったら圧倒的な力で大人が割って入ってきました。彼女たちのグループは、私一人を攻撃するだけでなく、私のグループの友だちにも攻撃をしはじめてきたので、いいタイミングでおばあちゃんが救ってくれました。いい時代でした。『3月のライオン』のおじいちゃんみたい。

私の学生時代は学区の越境がけっこう許されていたこともあり、転校は特別なことじゃないという感覚。「もっと勉強したくて、学区をずらして受験に強い中学校に入った」とか、いじめ以外の理由で転校する人もよくいました。だから転校したからと言って、負けたとか逃げたとか思う必要もありません。その環境が合わないというだけです。

本人にもいじめられる原因があるかもしれないから相談者は、「つぎからは、こういうことはしないようにしたほうがいいよ」などと、本当の友だちだったら言ってあげてもいいかもしれません。

でもどんなにいじめられていても、誰一人味方がいなかったという人を、今のところ私は知らない。例えば高校でいじめにあっていても、地元には普通につきあってくれる友だちがいるとか。地元の友だちと遊ぶから、学校なんてただ勉強しに来ているだけみたいな人、けっこういました。

暴力の要素が加わったいじめの種類もあるので、そのケースに合わせて考えていくというのがむつかしいです。時間をかけた対処で解決できることのほうが多い気がします。友だちを救おうとしているうちに自分が標的になるような環境だったら、私は学校を替えると思います。いじめの標的が転々と移ることに費やしている時間がもったいない。中学時代の時間だって、とても貴重な人生の時間には変わりないですから。

【32】様々な国を訪れているばななさんから見ると、海外と日本では友だちとのつきあい方に大きな差を感じることはありますか？

日本の友だちづきあいのよさと、息苦しさとはどんな点にあると思いますか？「日本もこういう雰囲気になったらいいのに」と、思われることがあれば教えてください。（三〇代）

私は海外に住んだことがないので正直よくわからないのですが、例えばパリの人たちと接していると、ちょっと寂しいなと思うときがあります。「じゃあね」と別れても全く振り向かず、グズグズする感じが全然ないんですよ。あんな風に会うのだったら、確かに会いに行くという行為に自覚的になるな、と感じます。

私が仕事で会うフランス人は日本人寄りの感覚を持っている方が多いのですが、それでもパリで暮らしたら下町育ちの私はやっぱり寂しいって感じるでしょう。

そして、いつもビックリするのですがヨーロッパの人たちって、「これ、どうぞ」とプレゼントをもらうと、「ごめん、私これ使わないからお返しします。ほかの誰かに差し上げて。お気持ちだけありがとう」と言って、ていねいに返却したりします。私がされた訳じゃないのですが、そういう場面を何度か見ることがあって、いつもそのハッキリした「いらないものは、いらない」という対応に驚きます。

もちろん、なんでも受け取ってくれる方もいますし、返却する人もその際に言葉を尽くしてはいるので、そんなに失礼なことではないんだなと認識していますが、日本人にはなかなかできないことです。

「私には考えがあって、革製品はボイコットしているので使うことができないんです、ごめんなさい」などの説明をきちんとしつつも、上司だろうとなんだろうと受け取らないという選択肢があることは、日本人の私としてはすごく衝撃です。そのハッキリしていることがいい場合もあるし悪い場合もあるでしょうけど。

欧米では「人と一緒にいる時間は楽しく過ごしましょうね」という暗黙の約束があるから、そこは一緒にいて楽です。日本人だと、会に参加しているのに一言も喋らない人がいたりして、「今日あなたは何をしに来たの?」って言いたくなることもある。その点はつきあいにくい。やっぱりお互いに楽しもうという気持ちを出し合わないといい時間って作れないですから。

オフィシャルな場所にいるときの最低限の作法やふるまい方が、欧米の人たちのようには、定まってないんですね。日本には多様な人種がいないから、逆に場に甘えられる状況なのかもしれません。

日本人って口では「一期一会」とよく言うけれど、人と会っているときに本当に「一期一会」と思っていない感じが、私にとってはなじめないことが多いです。一度仲良くご飯を食べたら、「これからもずっと仲良くしましょうね」みたいになっちゃう。もしかしたら、もう二度と会わないかもしれないし、予定が合わなければ何年も会えないかもしれないっていう発想がないっていうのが特殊だなと思います。

私が旅で訪れているからかもしれませんが、海外の人とでは、楽しく過ごして「またね」と言って別れても、「じゃ、次回は〇月×日の何時に」とは言わない。日本人は少し違う。「つぎのこの会は、何月にしましょうか?!」みたいに、すぐ定期開催を義務付ける感じがある。

とくに女子校出身の方に多いのかもしれないのですが、習いごとの帰りとかみんなで必ずご飯を食べるという流れが決められていくとか。私はいつも自由に抜けられるグループにしか所属しませんが、そういうものが日本は多過ぎる気がします。

きっと人づきあいが不器用だから、誕生日会とか女子会とか、部活やサークルみたいに集まって定期化することを好むのでしょう。

定期化をすると、つぎにまた会えるのが当然って感覚になり過ぎて、会っている「今の時間」が薄くなりがち。何かに縛られる感じも苦手で私は参加しないのですが、同じように負担に思っている日本人も実はすごく多いのではないでしょうか。

【33】友だちがきびしいノルマを強いるブラック企業に就職してしまい、とても心配です。残業や休日出勤も多く、このままでは心も体も暮らしも壊してしまうのではないかと。ばななさんの身近にも、過労で壊れてしまった友だちがいらっしゃいますか？　友だちに対して、どんなサポートができますでしょうか？　（三〇代男性）

世の中にはいろんな職業があり、いろんな大変な現場があります。ある営業マンが、「会食が続くときは、注がれたお酒をこっそり座布団に染み込ませて飲み干したフリをしている」と言っていました。そんな回避術を編み出していくなりして、仕事のなかで楽しさを見出せる人だったら、その職場でもやっていけます。

自分が努力すれば意外に多く休める会社って、私が知る限りけっこう多い。強者《つわもの》になると、苦しい状況でも楽しみを見出したり、めちゃくちゃ朝早く起きて空いた電車で出勤したりしている。

あと、そもそもその職業自体が向いていないこともあります。例えば、デザインをする部署で「明日までにラフ案一〇本提出して」と言われて、どうしてもつぎつぎとアイデアが出てこない人は、やめるか部署を替えてもらうかをしたほうがいい。

真面目な人って、とてもいい風に思われるけれど、周りから見たら融通がきかなかったり、応用がきかなかったりする場合もある。いつも誰かの評価を求めているようだと「言われたことをやったのに褒めてくれない」みたいな考え方にどうしてもなってしまう。

会社は学校ではないから、誰かの評価を求めて動いて、それが認められないことを悲しんだり苦しんだり誰かのせいにするのは大人じゃない。社会に出たなら、自分の身は自分で守っていく意識を持つことも大事です。

基本的に会社側も、従業員を鍛えたい気持ちはあっても、過労死は望んでいない。真面目な人たちの特徴として、やっぱり上司を学校の先生のように思っていたり、仕事を宿題のように捉えていたりする傾向が強い。その癖からなかなか抜け出せずに悩んでいる人がいたらとても気の毒だと思います。でも社会に出たら自分自身で、仕事の向き不向きを見極めていくしかない。

私は過労死と自殺は、ほとんどイコールのようなものだと思っています。自殺という選択をしてしまうときと同じくらい、疲れはてると人って正しい判断ができなくなります。会社をやめたくてもやめる手順を踏むのも面倒だというところまで心が病んでいて、

「この忙しい状況でやめたら、これとあれと、あの業務も引き継ぎしなくちゃいけない。それだったらこのまま働いているほうがいい。つぎの休みまではなんとか頑張るか」みたいにしているうちに、倒れて亡くなってしまうような方が多いように思います。

自殺をするときというのは、どん底のうつ状態から回復しはじめて、周りが「もう大丈夫だね」って油断したときに、ふっと魔が差す。どん底のときは、死ぬ元気すらないですが、ちょっと回復したときに急に実行しちゃうので注意が必要です。

自殺をしてしまったある知人が、亡くなる数週間前にブログで「宮崎県の友だちから『今日は天気いいから遊びにおいでよ』と電話がかかってきて、そのまま飛行機に乗って宮崎まで行ってすごく楽しかった。急に思いついたことができるって素晴らしいことだね！」みたいな日記を書いていて、私はそれを読んだとき直感的に「危ない！」って思ったんです。

もちろん私にも、「この展覧会の会期は今日までだから、遠いけど山梨まで行っちゃおう」と勢いで遠出することもよくありますし、行ってよかったとも思うんですが、そういうときとちょっとだけ違う、「疲れているのに疲れていないフリをしている人」みたいな雰囲気が文章から滲みでているのを感じました。

それからしばらくしてその方が突然命を絶たれたことが、何となくわかる気がしました。

そして「今が一番気をつけるときだからね」とはわかっていても、ずっとその人を監視している訳にはいかないので、周りが完全に防ぐことは不可能ですよね。

ライフスタイルとしては、明け方に寝て昼まで寝ているような人のほうが危ない。私も夜型人間なので認めたくないんですけれど、やっぱりそういう生活をしているとうつって近づいてくる。私の職業も不規則な生活になりがち。不規則な生活って一見自由な感じに見えるけれど、リズムを作るのがむつかしいんです。

あと、霊的な負のものも夜中に背負いやすい気がします。だから、早寝早起きをしばらくして、少し生活を整えていくように友だちにはアドバイスできたらいいですね。

本当にまずいなというときは、一週間くらいホテルに泊まってしばらく世の中から自分を隔離してもらうのもいいんです。ゆっくり休んで不規則なリズムを調整するのにはホテルはいいですよね。旅館は食事の回数が多くてけっこう忙しいから、休めないことがあります。

家族に比べると、友人がサポートできる範囲はかなり限られている。この問題は、「大人になるとは？」という問いと深い関わりがあります。「大人になってください」ということではなく、「大人ってなんだろう？」と自分自身で考えていくことが大切。

大人ってやらなくちゃいけないことがたくさんあるけど、だからこそ自由も得られる。

子ども時代の自由とは質が違う自由をちゃんと考えていかないと、誰かのせいにして生きる人生になってしまいます。上司のせい、会社のせいで自分はこうなっているって。

もちろん苦しんでいるのは会社のせいだとは思いますが、例えばめっちゃタクシーを使えるとか、名刺を配るとモテるとか、もしそこが大企業であれば大企業に勤めているそんな恩恵を一生懸命考えて現在を乗り切るか、無理なら部署を替えてもらうか、転職するかを良し悪しをしっかり比べて考えます。小さい会社でもそれにあたる良い面は探せば必ずあると思います。

本人が何を欲して働いているのかをもう一度確認して、そこが見合っていないのなら会社をやめるという考えもあります。

ある大企業に勤めていた女友だちで、「定例会議に、入社してから一度も出なかった」というすごい人がいます。にわかに信じられなくて、「そんなことが可能なの？」って私は何回も聞いたのですが、「行かなければいいんだから」と言うんです！

「お前はクビだ」と何度も上司に怒られるんですけど、それでも会議は出ないし、会社で毎日昼寝もするし（笑）。

昔、彼女の家に遊びに行ったら、夜中の三時に突然エビを焼きはじめて、「こんな時間にエビを焼きだしたら、明日会社に行けないんじゃない？」って言ったら、「大丈夫、遅れて出社するから」とこれまた堂々と答えていました。

でも彼女はクライアントとの打ち合わせは絶対に遅刻しませんし、とても仕事ができる人です。そういう帳尻を合わせていたから、クビにならなかったのだと思います。彼女のなかで「この会議は意味がない」ってきっぱりとした答えがあったのでしょう。誰もがここまでフリーダムを押し通す会社員にはなれないと思いますが、ここまで頑張ることができればどこでも生きていけますね。

【34】私は二〇歳の女子大生です。同じ大学に通う親友に対して、恋愛感情を抱いていることに気づいて苦しんでいます。それは親友が私と同じ女性だからです（私はこれまで男性を好きになって、つきあったこともあります）。

親友には片思いしている男子がいます。私はカミングアウトをしたい衝動をおさえつつ友人関係を続けていますが、一人の時間になると心のバランスが崩れがちです。親友の恋愛相談を聞くのがとくに辛いです。

なかなか親友への恋心を捨てられず、どうしたらいいのか悩んでいます。

（二〇代女性・大学生）

「同性に恋愛感情があること」を特別に思っているから悩みが複雑になっているだけで、片想いの相手を男性に置き換えて考えてみたら割と解決策はシンプルかもしれません。

相手を「別に好きな子がいる男友だち」だと思えば、好きですと告白するか、言わずに友だちとしてずっと近くにい続けるかの二択しかない。とくに「相手が同性である」ということは重要ではないんじゃないでしょうか。

基本的に女は女といるのが好きだし、男は男といるのが好きというのが私の持論です。でもそういう感じではなく本当に恋愛対象として好きだったら、自分の人生全体から考えていったほうがいいですよね。これからどういう風に、自分は恋愛をしていくのか。男の人と結婚するのか、しない人生にするのか。立場をハッキリさせるか、させないか。相談者が悩みごとを分けて考えていないところがまず問題をややこしくしているので、そこを整理したら考えやすいでしょう。

でも、本当の親友同士だったら「この子は自分に恋愛感情があるな」ってもう気づいていると思うんです。自分だけ「まさか」という反応が来ると思い込み過ぎているのかもしれません。

「男の子のような女の子」というタイプと、「女の子として女の子が好き」というタイプはニュアンスがまた違うから、人によっては全く気づかれないこともあるかもしれないけれど、でもそこを理解してくれず、親友と言っていいのかなって少し思います。本当の親友だったら、カミングアウトしてもあなたのことを一緒に考えてくれますよ。「私がその気持ちに応えられない以上、私たちはこれまでよりは少し距離を置いたほうがいいと思うけれど、困ったときはいつでも相談に乗るよ」と言ってくれるはず。

同性愛についての認識が昔と大きく変化しているとはいえ、カミングアウトをそんなに頑張ってみんなにしなくてもいいと思います。結婚や同棲するときに親に言うべきかどうするかを考えることはあると思いますが、そんなに深い関わり合いがない人に言ったら、「配慮を求められているのかな」って相手も思うじゃないですか。

同性愛者の人たちは特別に「言わなきゃ」と思っている人がまだ多いような気がします。でも例えば「私、毎週SMクラブに行っているんですよ」って、普通の会話のなかで言われたりすることってないですよね。そもそもかなり個人的な問題のような気がしますから、人間関係の距離感に合わせて、言うか言わないか、どこまで言ってどこまで言わないかを考えるのは、同性愛者に限らないと思います。

知り合いに私より年上のゲイカップルがいて、その片方の人が地方出身者なのですが、両親に「現在、男の人と一緒に住んでいて、彼のパートナーとしてともに生きていくつもりです」とカミングアウトしていました。親御さんはすべて受け入れて、彼らのお家に野菜とか干物とかを送ってくれて、二人を家族として見てくれていたのですが、あるとき二人で実家に帰省したら、「パートナーの方はうちには泊められない。ビジネスホテルを予約したからその方だけホテルに泊まってほしい。お願いだから近所を二人で並んで歩かないでね」と告げられたそうです。

息子は両親にすごく怒って、「僕も実家に泊まらない。二人でホテルに泊まる!」と、ホテルを二名分に変更して泊まりすぐ東京に帰ったけれど、とても傷ついたと言っていました。二人で事業もやっていて経済も一つになっているから、本当の夫婦と言えたし、六〇歳近い年齢だからわかってあげたいと親御さんも思っていたでしょうけど、九〇歳近い両親に「頼むから二人で近所を歩かないで」とか「何日まで滞在するの？」とか言われたら、本当に切ない気持ちになったと思います。「もう二人で実家に帰らないことにしたの」って、寂しそうに彼は言っていました。

理解し合うにはまだまだ大変な問題なんだと、この話を聞いたときに実感しました。同性愛への理解が進んできている今でも、年齢や住んでいる地域、家柄などによって認識に差がありますから、私は「みんなとにかくカミングアウトをして、堂々と手をつないで歩きなよ」とは言えない。こういうさじ加減は、とてもむつかしいけれど、本人が周りの反応を見てこつこつ積み上げていくしかない作業なんですよね。

同性の子に「好きです」と告白をされて、それを「気持ち悪い」とか言ったり、学校中に言いふらしたりする人も、悲しいですがまだ今の日本にはいます。深く傷つくことですがそういうときは、自分はまだ見る目がなかった、いい勉強になったな、と反省するしかない。

もちろん、そんなことをする相手がおかしいし、もし「そんなことをするなんておかしい」とフォローしてくれる人がいなかったら、その人自身も何かを変えた方がいい。もしそんな状況になったら、同性を好きな自分自身を追い詰めないで、「つぎはいい人見つけよう」と気持ちを切り替えてください。若いうちは、見た目だけで好きになって恋愛の失敗をたくさんするのは当然。そうやって人を見る目を養っていく時期ですから、傷ついて辛いこともあるけど乗り越えていきましょう。

もし私が、親友から「好きだからつきあって」と告白されたら、「私は男が好きなんだ、ごめんね」と正直に断るでしょう。そのあとの関係性や距離感がこれまでと変わってしまうのも仕方のないことです。告白されたからといってその日から急に避けるとかはしませんが、もう二人きりで会ったりすることはしない。これまでどおり二人きりで会っていたら、相手にとっても残酷だなと思う。

でもこれは女性同士だからではなく、男女であっても同じ。私が友だちとしか見られない男の人に告白され「ごめんなさい」と断ったら、同じように二人きりで会わないようにします。

相手が同性でも異性でも、人に恋をしたらフラれる可能性があるというそれだけのことなのかもしれません。「でも女同士だからまた仲良くできるでしょう」という考えは違うと思います。これも男女と同じで「彼は私のことを振ったけどまだ友だちだよね」ということは、厳密にはない気がします。

全く違う話ですが、長い期間片想いしてしまう人の傾向には、好きな相手と自分との関係ではなくて、片想いをしていることで派生するできごとが好きっていう人が多い。友だちとカフェで相談している時間や、感傷に浸っている時間が好きで、実は相手のことを真剣に見ていない。多くの女子はその「片想いオプション」みたいな時間に醍醐味を感じていて、本当は「相手とつきあいたい」っていうことは二の次なんじゃないかな、と思うときがあります。

【35】ばななさんの心に強く響いた、友だちからもらった助言がありましたら教えてください。（四〇代）

これまで友だちの言葉に救われた経験はたくさんあるはずなのですが、どうしても特定の友だちが浮かんできませんでした。

特定の誰かではなく「友だち」という大きな枠から救いがやってくる、そんなイメージがあって、「この人にこれを言われて私はこうなった」みたいな記憶があまりないのです。辛いことがあったとき、あるところから救いの手が来るけれども、それは天のタイミングでやって来ているような……。

以前困っているときに、ある人が助言をくれたから、つぎも同じ人が何か言ってくれるとは限らないですよね。救いって、もっとゆるい感じでどこからともなく降ってくるように思う。

エッセイでも書いているのですが、父が亡くなった時期に、近所の書店で店長さんをやっていた男性が私の運転バイトをしてくれたことは、神の計らいだと思っています。

「運転の仕事をどんどん入れてください」って彼が言っていた訳でもなく、私がすがっていた訳でもなく、その時期だけ近所に住んでいて、彼がフルで空いていて、今はもう下北沢にいないっていうことの全てに、不思議な力が働いているとしか思えない。

私はその年、二回もインフルエンザにかかって中耳炎にもなり、ひどいときは一日で病院に四つ行っていました。耳の病院、インフルエンザの病院、姉の病院、父の病棟、母の病棟というサイクルを一日で回っていたのです。あれを全部タクシーや電車で移動していたら、とんでもなく消耗していたと思います。

「母が朝突然に亡くなったので、今から急に実家に行くことになった」と、私が連絡したときも、「じゃ、今から車出します」とすぐ来てくれた。

遠くに住んでいる人だったら悪くてしょっちゅう呼べないから、自宅から五分という距離に、東京の地理を熟知した彼が住んでいてくれたことが本当にありがたかった。

でもこれは、天の計らいというものが救いであって、その人が力わざで救ってくれた訳じゃない気がします。たまたま近所で多くの時間を過ごしていたからこうなった訳でもない。もっとお互いに決められた運命のようなものがあった感じ。父と彼の縁、母と彼の縁もつながっていて、そういう不思議な流れが作られるというか。

あと、私のアシスタントになる人で、「白くてちょっと丸くて行動的な女性」がつくことが人生で二回生じているのですが、これはその人自身と私の縁だけではなく、私のようなタイプは「白くて丸くて行動的なアシスタントとお互いのないところを補い合える」という運命がある感じがします。

以前のアシスタントも白くて丸くて行動的で、一緒にいく取材旅行でもストレスフルな仕事をいっぱいこなして、部屋に帰る前に二人でお酒を一杯飲んだりすると、気持ちが明るくなるような人でした。

逆に言うとそういう人が私のアシスタントについている時期は、外に出ていく仕事をゼロにできない時期で、これもまた運命なんです。

すごく優秀だけど心が内向きで静かなアシスタントがついている時期もあったのですが、そういうときはあまり外に出ていく運命ではなくて、内にこもって働く中でそのキャラクターがいてくれることで助けられていることも多かった。

こういう流れは自分では決められない、自然に決められていくこと。例えば、行動的なアシスタントが産休に入ったりしたら、私はしばらく外に出ていかなくていい時期に突入する、そのようなものなんだなと。

人生どん底のときに乗ったタクシーで、運転手さんに救われる言葉をかけられることだってあるだろうし、本当にどの方向から救いが来るかはわからない。この質問の場合、そういう人たちも含めて「友だちのような救い」と呼んでしまってもいいでしょう。いつも素直に流れに沿って生きて、運命みたいなのを信じていれば必ずそんなふうに何かが救いの手を差しのべてくれるんだなということを信じています。

【36】もしタイムマシンがあって、一〇代、二〇代、三〇代、四〇代の自分自身に会いに行けるなら、ばななさんはそれぞれの時期の自分に友だち関係のどんなアドバイスをされますか？　そして、これからはどんな友人関係を作っていきたいですか？　（四〇代）

一〇代のとき、ある女の子が転校してきて、すごく気が合ってしまったんです。知り合ったその日ぐらいから毎日遊ぶようになって、話もずっと尽きない。私は未だに、その状況を超える人に出会っていません。そして、今もなお彼女に会うと毎回、「本当にこの人はすごいな！」って思う。彼女の周りにいるだけでみんなが大丈夫になっていくし、決定的な一言一句にしびれてしまう。

そして、本当にすごい人って絶対に普通の人。有名人にもならないし、何にもならない。私の父も言っていました。本当にすごい人は街のなかにいて、もの書きは絶対にかなわないって。

私も一生あの人を超えることはできない。お互いタイプが違うとかじゃなくて、もう根本的に超えられない。私にとって究極の人物です。

彼女が転校してくる前に毎日遊んでいた女の子がいたんですけど、急に私が彼女としか過ごさなくなってしまってすごく怒ったんです。「せめてみんなで一緒に遊ぶか、もっと二人で遊ぶ時間を作ってほしい。こんなに急に遊ばなくなるなんてひど過ぎる」と。

私も悩んだのですが、そのときはもう「この人の神秘を突き詰めてみたい」という気持ちが止められなくなっていました。「申し訳ないけど、今は彼女と遊びたい」と素直に言いました。それは、人生で初めての大きな決断をした瞬間だったと思います。そして、そのときの決断を私は後悔していません。

この間、その同級生メンバーが一堂に会する機会がありました。私が距離を置いたその友だちはそのあとほかのお嬢さま育ちのおっとりした女の子とものすごく仲良くなって、現在でもとても仲がいいんです。

あのときの私が少しでも無理をしていたら、この二人の長年の友情もなかった。そう思うとあれでよかったんだ、人間って気持ちに正直に生きていいんだと思いました。

そしてあの時期にその大親友のすごい考え方を近くで思う存分吸収しておいてよかった。一〇代の私に、「その決断は正しかったよ」と言いに行きたいです。

二〇代はもう作家になっていて、友だちを作るどころではなかったです。

これまでの友だちと収入が違ってくると、日々考えていることも全然違ってくるから自然と価値観が合わなくなってしまう。そして、自分と同じような収入の人たちのなかにまだ全く気が合う人がいないという淋しい状況でした。

全然気が合わず、話も嚙み合っていないのにつきあっていた人たちもたくさんいて、そういう無理したつきあいもやめたほうがいいと、タイムマシンに乗って言いに行きたい。

「誘われたら行けばいいんでしょ」みたいな感じでつきあっていたから、相手にとっても失礼でした。

仕事が忙しいうえに、そういうむだな人づきあいで家を留守にしがちだったので、当時飼っていた犬がかわいそうだった。「犬を飼う人の生活じゃないよ」とも言いに行きたい。

三〇代も、引き続き忙しい時代でほとんど記憶がないくらい。

この時期に、有名人づきあいを受け入れることができていれば、いくらでも友だちができていたと思うんですが、どうしても私は有名人同士がタクシーでお店に直行し個室のお店で会う感じがなじめなくて、友だちが増えることはありませんでした。

私は二〇代から最前線で戦っていたから、周りの同年代が育ってくるのを待っていた感じ。でも三〇代は、同年代の人たちが編集長になったり、企業で課長になったりして、やっと苦労が話し合えるようになってきた。そう実感してきたのがこの頃です。

そもそも友だちに会う暇がないから、仕事以外の人間関係で苦しんでいることはなかったですが、過労で入院したり大変な時期でした。自分でもどうにもならなかったのです。強いてアドバイスするなら「入院したことを絶対に、旅人エッセイストのたかのてるこちゃんに知らせてはダメだよ！」と伝えたい。「あまりににぎやかすぎるので、あの人が今度お見舞いに来たら、受付で断りますね」って病院側から注意されてすごく困ったから（笑）。

四〇代は、子どもが生まれて育児に追われている日々でしたが、友だちが徐々にできてきました。友だちというものがそもそも珍しかったので、嬉しくて友だちとどこかに出かけると一〇〇％相手に合わせてしまう癖がありました。それは今でも後悔しています。

私は超夜型人間なのに、超朝型スケジュールの旅行に参加したり、そんなに頑張って合わせる必要はなかった。「貴重な時間だから精一杯過ごさなくては！」という思い込みが強くて苦痛を覚えることも多かったです。

「いいよ、先に観光してきて、私はもうちょっと部屋でゆっくり寝ているから。後で待ち合わせしよう」とか、自分のペースを保ちながら対処する言い方を四〇代の私に伝えに行きたい。


そして、これからの友だちづきあいについて思うことは、「吉本ばなな」という看板と私個人を、きちんと分けて接してくれる人とつきあっていきたい。もっとわかりやすく言うと、相手から仕事を依頼されても仕事を断れる関係性であること。

私個人としてはその場所に行ってもいいけれども、私の看板はそこには出せないというシチュエーションがとても多いんです。これは高飛車とかではなくて、自分の作品や読者を守る意味も込めて。

そういう認識でつきあってくれる人と友だちでいたいと強く思うようになりました。

昔は二つとも一緒だと思っていたのですが、いろんな不都合が生じてきてさすがに理解できました。

それと私は、「嫌なことが起こったとき相手にちゃんと説明をしなくては」という気持ちがすごく強くて、そういうときに長いメールを書かなくていい人間関係を作ること、そこを今は目指しています。

作品の感想などを書くときは長くなっても別にいいですが、何かの誘いをキャンセルするとき、理由を長く書かなきゃいけない人生にしたくない。

相手によっては、理由を引き出されちゃうときがあります。「何日なら、何時までだったら参加できるの？」と、逃がしてくれないというか。仕事だったら、そういう説明をしっかりした断り方をしてもいいですけど、友だちにはそういうことをもうしたくない。「いや、今日は寝不足で行きたくないだけなんで、ごめんなさい」ってさらっと言えるし、「あっそう」とすぐ切りかえてくれる友だち関係がいい。

友だちというのはきっと、「なんとなく」という感じで接するのが一番です。とにかく固定しないようにする。「今日はすごく楽しかったね！」という気持ちすら固定しない。

「こんなに今日一緒にいて楽しかったのだから、この関係に名前をつけよう」というのではなくて、「その場になんとなく一緒にいた感じが、いつの間にか続いていたね」というのがベストだと私は思います。

あとがき

とても長い時間をかけて、この本を作りました。初めの頃に出てくる仲の悪い二匹の犬、フレンチブルドッグとチベタンテリアもこの世を去りました。そういう意味でも幸せな思い出のつまった本です。

インタビューとまとめをしてくださった勝俣利彦さん、そして途中骨折をしながらもとにかくこの本を作ることを決してあきらめず、人生の大切な時間を賭けてくださった矢坂美紀子さん、ありがとうございました。静かな美しいデザインを考えてくださった大島依提亜さん、ありがとうございました。読者のみなさんの人生が友だち関係で行きづまったとき、この本が助けてくれることを私たちこの本を創ったメンバーは、心から願っています！

この中に出てくるエピソードはもちろん実際のできごとと微妙に話を変えてありますが、読み返すたびにひとりの「仲間」そして「ほんとうの友だち」であったある人がいろいろな形でいかに何回も出てくるかに驚きました。この本の三分の一くらいは彼女とのエピソードでできているのではないかと思うくらいです！

この本を作っている間に、彼女は亡くなりました。最期の瞬間、私は彼女の手を握っていました。「親の死に目にもあってないのに、どうしてくれるんだ！　でも、ありがとう、ほんとうにおつかれさま、ありがとう！」と泣き叫びながら。

まだひよっこだった私にいつもアドバイスをくれて、ずっと人生に寄り添ってくれた、美人で粋な飲み仲間。私たちの三〇年間の歴史がそのまま私の人生を創ってくれたんだと思います。

友だちについてのこの本を、私に友だちというもののすごさを教えてくれた、とても価値観の似ていた、サイキックカウンセラーの公文結子さんに捧げます。

結子、ほんとうにありがとう。

二〇一八年初夏　　吉本ばなな

文庫版あとがき

この本は、「あまりに厳しすぎてびっくりした、とても全部読めない」という人と、「とにかく大好きでほんとうに役に立った」という人がはっきりと分かれたとても珍しい本です。

インタビューとまとめをした勝俣利彦くんがとても丸く優しく補ってくださったにもかかわらずかなり厳しい内容になってしまったのは否めないのですが、同胞への愛みたいなものは、しっかりこもっていると思っています。

名編集者である矢坂美紀子さんが心を込めて関わってくださったことにも、感謝しています。

三人で顔をつきあわせてああでもない、こうでもないと楽しくお話をしたことは、とてもいい思い出になりました。

まだコロナ問題が始まる前で、みんなでお蕎麦屋さんで打ち上げをして、そのときはまだ下北沢に住んでいた勝俣くんの部屋でお茶をして帰ったことも懐かしいです。幸せな本作りでした。

あとがきに出てきた、この本を捧げた友だちについて、人生になかなかないことが起きたと思うので、ご存知の方もいらっしゃるとは思うのですが少しだけ書きます。

連絡が取れなくなって二日目、部屋で全裸で倒れていた彼女を発見し、病院に行きたくないがあまりに病を隠し、実家にも帰らなかった彼女を入院するように説得し、他の知人を通して救急車を呼んだのは私でした。あんなにこわい経験をしたことはなかったです。

それでも、救急車が来るまでの数時間、最後のときを過ごすことができました。片方は死にかけているし、部屋はぐちゃぐちゃだし、私は半分パニック状態だし、今思うと出来の悪いコントみたいな状況だったのですが、私たちはやはりいつも通りでした。

「なんで実家の番号が思い出せないのかな、語呂はわかってるのよ、ゴミ小屋、っていうのが最後に入ってて」

「市外局番と組み合わせてかけてみるね」（マスクをしてコンビニ袋を手にはめて部屋を片づけながら）

「ああ、もうこの部屋には帰ってこられないんだろうなあ」

「とにかく今は病院に行こう。毛布がみんな汚れてるんだけど、マシなのある？」

「あ、その黄色いのが多分いちばんマシ」

「うん、これね、いいかも。これにくるまって行けばいいね」（毛布を嗅ぐ私）

「あとね、いざというときのお金がその引き出しに入ってるから、取ってくれる？　それも持っていく」

「こりゃ、ほんとうにいざというときだね」

あんまりいつも通りすぎて、彼女が死の床《とこ》にあるなんてとても信じられませんでした。

「申し訳ないけど、実家に連絡して、救急車も呼ぶね。どんなに恨んでもいいよ、ほっておくことはやっぱりできないよ」

と私が言い、

「恨むわけないじゃない、あなたのすることはいつだって、なんだってかまわないもん」

と彼女は言いました。

救急隊員に「裸ですみません！」って言っていた彼女を思うと、いつもちょっと笑えます。

それから十日後、病院で彼女は私の目の前で息を引き取りました。

三〇年間ずっと友だちで、いつもいろんなことを相談して、笑い合って、ごはんを食べて、お酒を飲んで、歌って。今でも彼女の手の感触や声がすぐによみがえってきます。そんなふうに終わりが来るとは思ってもみませんでした。

私は今もちっとも立ち直っていません。心が暗くなるといつも会いたいと思う。欠点もいいところもみんな知っている、私の大切な友だち。

立ち直らないままでけんめいに生きていくことだけが、友情なんだと思っています。友だちのすることは、最終的になんでも許せます。ほんとうの友情に終わりはないです。

それが、このことから私が学んだことです。

この本を作ってから今に至るまでに、時代は大きく変化しましたが、コロナ禍は私の精神になんの影響も与えませんでした。もしかしたら友だちが死んでいるかもしれない部屋の中にひとりで突入する勇気をふり絞ることに比べたら、まだ対策ができることだからです。

歳を取った分、厚かましくもなりました。今の私は、もしタクシー乗り場でひとりだけ取り残された男の人がいたら、きっと声をかけます。その勇気も、あの勇気に比べたら大したことありません。

「勝手に聞いていてごめんなさい、あの人たちちょっとひどかったね、あなたは何も悪くないです。これからいいことがたくさんあるように、通りすがりだけれど願ってますね」

……って私は言えます。彼がけげんな顔をしたり、プライドが傷ついて黙って去っていったとしても、いつか必ず、彼の人生を私のその行動が温めますように、と願うだけです。

読んでくださったみなさんが、いい友だちを持つことができますように。そのためには、自分のことをうんとよく知っていないといけません。その知る道は死ぬまで続く道です。

どうかなるべく健やかに！

二〇二一年初夏

吉本ばなな

＊編集協力　勝俣利彦

＊初出誌　「小説トリッパー」の二〇一六年冬号から二〇一七年冬号まで「語りおろし吉本ばななが友だちについての質問にこたえる」として連載された。

吉本《よしもと》ばななが友《とも》だちの
悩《なや》みについてこたえる

朝日文庫

2021年9月30日　第1刷発行

著　者　吉本《よしもと》ばなな

発行者　三宮博信
発行所　朝日新聞出版
〒104-8011　東京都中央区築地5-3-2
電話　03-5541-8832（編集）
03-5540-7793（販売）

印刷製本　大日本印刷株式会社

ISBN978-4-02-262055-2

朝日文庫

よしもと　ばなな
ごはんのことばかり100話とちょっと

ふつうの家庭料理がやっぱりいちばん！　文庫判書き下ろし「おまけの1話」と料理レシピ付きのまるごと食エッセイ。

吉本　ばなな
ふなふな船橋

父親は借金を作って失踪し、母親は恋人と再婚。一五歳で独りぼっちの立石花は、船橋で暮らす決断をした。しかし再び悲しい予感が……。

群　ようこ
ぬるい生活

年齢を重ねるにつれ出てくる心や体の不調。それを無理せず我慢せず受け止めて、ぬるーく過ごす。とかく無理しがちな現代人必読の二五編。

群　ようこ
ゆるい生活

ある日突然めまいに襲われ、訪れた漢方薬局。お菓子禁止、体を冷やさない、趣味は一日ひとつなど、約六年にわたる漢方生活を綴った実録エッセイ。

群　ようこ
かるい生活

漢方やリンパマッサージで体調管理。着物や本、服などありあまる物、余計な人間関係・しがらみも捨てる。心身共にかるくなっていく爽快エッセイ！

内澤　旬子
身体《からだ》のいいなり
《講談社エッセイ賞受賞作》

乳癌発覚後、なぜか健やかになっていく——。フシギな闘病体験を『世界屠畜紀行』の著者が綴る。
《巻末対談・島村菜津》